JN418286

세상을 깨우쳐
성공을 쟁취하라

세상을 깨우쳐 성공을 쟁취하라

초판 1쇄 인쇄 2009년 10월 23일
초판 1쇄 발행 2009년 10월 30일

지은이 | 이대열
펴낸이 | 손형국
펴낸곳 | (주)에세이퍼블리싱
출판등록 | 2004. 12. 1(제315-2008-022호)
주소 | 157-857 서울특별시 강서구 방화3동 822-1 화이트하우스 2층
홈페이지 | www.essay.co.kr
전화번호 | (02)3159-9638~40
팩스 | (02)3159-9637

ISBN 978-89-6023-291-4 03810

세상을 깨우쳐
성공을 쟁취하라

이대열 지음

자신을 아까워하지 말라. 삶에 있어서 자신의 몸과 마음은 남김없이 쓰고 버려지는 허구에 불과하다. 미련에 사무쳐 안달을 부려도 어쩔 수 없는 일이니, 고집은 그만 부리고 현실을 직시하라. 삶은 자신을 챙기려고 존재하는 것이 아니라, 자신을 남김없이 쓰기 위해 존재한다. 따라서 삶이란 자신의 가치를 이 세상에 드러낼 수 있는 절호의 기회일 뿐이다. 자신이라는 존재적 상황 속에서 세상의 조건적 요소들을 냉정하게 분석하라. 그리고 무엇을 위하여 자신을 의미 있게 바칠 것인가를 생각하라. 그것이 당신에게 주어진 삶의 과제이다. 제한된 시간이 지나가버리면 자신이라는 존재조차도 삶과 함께 조용히 사라지고 말지니, 꿈을 이루려거든 기회가 사라지기 전에 자신의 뜻을 행동으로 옮겨야 한다.

ESSAY

머리말

세상을 깨우쳐 성공을 쟁취하라

소싯적의 기억이다. 집 앞마당에 문짝 몇 개를 맞대어 깔아놓고 가족들이 모여 앉아 저녁을 먹은 후, 나는 그 자리에 발라당 드러누워 흥얼거리다가 깜빡 잠이 들었었다. 그러다가 깨어나 보니 모두들 집안으로 들어갔는지, 문짝 위에는 나 홀로 누워있는 상태가 되어 있었다. 나는 문짝 위에 드러누운 그 상태로 눈앞에 펼쳐진 도평리의 여름밤 하늘을 올려다보았다. 까만 밤하늘에는 무수한 별들이 빛나고 있었다. 어느 별들은 영롱하고도 초롱초롱한 눈망울 같기도 했고, 어느 별들은 가물가물 꺼질 것만 같은 애처로움 같기도 했다. 밤하늘을 가득 메운 무수한 별들이 장관을 이루며, 어둠 속에서 반짝이는 빛의 조화는 꿈만 같이 황홀했다. 눈을 뗄 수 없는 그 황홀경에 빨려들자, 나의 등짝을 바치고 있던 문짝들이 공중부양을 하며 하늘 높이 떠올랐다. 내가 밤하늘을 떠다니며, 별들에게 다가가고 있다는 느낌이 들었던 것이다. 신비로운 밤하늘을 찬미하던 밤벌레

소리마저도 아름답게 들렸던 그날의 그 기억을 지금도 잊을 수가 없다.

그러나 세상이 그렇게 아름다운 것만은 아니었다. 항상 나를 따라다니는 죽음의 그림자처럼 현실엔 언제나 시련이 따라다녔으며, 그 시련은 아픔과 슬픔과 고통을 몰고 왔다. 믿고 살 수밖에 없는 세상으로부터 절망과도 같은 싸늘한 냉대를 받을 때마다 나는 몹시도 서글펐으며, 세상이 왜 나를 그리도 힘들게 하는지 나로서는 도무지 이해할 수가 없었다.

납작 보리쌀로 밥을 지어 먹고 살았던, 그 시절은 차라리 행복했다. 사랑하는 사람들이 매정하게도 하늘로 올라가 아름다운 별이 되었을 때, 나는 땅바닥에 나동그라진 돌이 되었다. 하늘에 맺힌 별을 그리워하면서도 나는 세상 속에 갇힌 보고픔이 되어, 슬프도록 기쁜 만남을 나 홀로 고대해야만 했던 것이다. 세상에 대한 서러움은 그뿐만이 아니었다. 사는 것이 힘들어 맥을 놓고 있을 때도, 세상은 나 몰라라 먼 하늘 먼 산만 바라보고 있었다.

사람들은 누구나 아름다운 추억과 가슴 아픈 기억들을 가슴 속에 묻어두고, 마치 아무 일도 없었던 양 무던히도 살아간다. 아직도 가야 할 미래가 남아있기 때문이다. 그래서 참고 살아가는 것이다. 미래는 현재의 시련을 박차고 날아오를 수 있는 유일한 탈출구이자, 희망의 공간임에는 틀림이 없다. 그러나 거저 주어지는 것이란 아무것도 없을 것이다. 다가올 미래 역시도 우리의 목숨을 담보로 하고 있기 때문이다. 따라서 꿈을 향한 희망의 가치는 결코 포기할 수 없는 목숨의 가치와도 같다는 것을 알아야 한다.

현재까지 살아온 구태의연한 사고방식으로는 미래를 바꿀 수가 없다. 우선 '나' 라는 존재를 무조건 두둔하고 있었던 허울부터 벗어던지고 까발려보아야 한다. 노골적인 '나' 를 모르고 어찌 세상에 맞설 수가 있겠는가. 혹시 잘못된 것이 있다면 '나' 부터 과감하게 뜯어고쳐야 한다.

세상에 대한 막연한 기대나 편견도 집어던지자. 냉정한 시선으로 세상을 다시 볼 필요가 있다. 세상이 냉소적일 때에는 그만한 이유가 있을 것이다. 인생에 흥망성쇠를 지배하는 요소들을 끄집어내어 '도대체 왜 그런지' 를 분명히 알자.

지난날 뼈저린 실패에 좌절을 겪어야만 했던 것은 갈등과 혼란이 빚어낸 무지함의 소치였음을 잊지 말자. 갈등이란 무지함에서 오는 혼란이 아니었던가. 따라서 혼란을 없애기 위해서는 일단 알아야 한다. 알면 쉽다. 혼란이 사라지고 확신이 생긴다. 그러므로 미래가 밝아 보인다.

옹알이를 하면서 말을 배웠고, 비틀거리며 걸음마를 배웠듯이, 이제는 머리통이 깨지더라도 세상을 똑바로 알고, 이해하고, 깨우쳐야 한다. 세상을 깨우쳐 세상을 품으면, 마음이 세상이 되고 세상이 마음처럼 자유로워질 것이다. 인간으로서 겪을 수밖에 없었던 삶의 애환을 되뇌다보면 말 못할 고독함도 느껴지겠지만, 진정한 행복은 그곳에서 비롯된다는 점을 가슴 깊이 새겨야 한다.

당신의 이상과 세상의 뜻이 만나 성공을 이루고 삶의 의미를 찾을 수 있다면, 그보다 더한 기쁨이 어디 있겠는가. 당신이 살고 있는 이 세상은 더없는 당신의 터전이다. 감히 뭐라고 할 자도 없다. 마음껏 활개쳐라. 이 세상은 당신을 위하여 존재할 뿐이다. 당신이 없다면 드넓은 땅과 바다 그리고 끝없는 하늘까지도, 그 무슨 존재의 의미가 있겠는가. 이 세상에서 그만큼 소중한 것이 바로 당신이다.

성공으로 자신을 증명해낸다는 것은 결코 쉬운 일이 아니다. 그만두고 싶을 것이다. 그렇다고 자신을 포기할 수는 없다. 참아내야 한다. 자신을 이겨내는 자만이 성공에 도달할 수 있듯이, 인생이란 자신과의 끈질긴 투쟁임을 알라. 그 누가 뭐래도 이 세상은 도전하는 자의 것이다. 고독한 존재여, 세상을 깨우쳐 성공을 쟁취하라.

목 차

세상을 깨우쳐 성공을 쟁취하라

인간이란
어떠한 존재인가

인간이란 어떠한 존재인가

우선 인간의 본성과 그들의 가치관을 이해하기 위해서는 존재적 본질성과 의미적 구체성을 분석해 볼 필요가 있다. 도대체 인간이란 무엇이고, 어떠한 뜻을 담고 있는가.

사전에는 인간(人間)이란 막연하게 '사람(명사)' 라고만 표기되어 있다. 나는 그 의미적 형상을 담고 있는 근원적인 한문에서 그에 대한 해답을 구하고자 옥편을 검색하던 중, 인(人)이 뜻하는 '사람' 이란 단어에서 사람의 처지와 본성을 원색적으로 드러내고 있는 두 한자를 아래와 같이 발취해 냈다.

사람을 지칭하는 단어 중에, 첫 글자인 '사' 자에서는, [死-죽을 사] 즉, 좌변의 [歹-앙상할 뼈 알]부는 살을 발라낸 뼈의 잔해를 그린 것으로 곧 '죽음' 을 뜻하는 것이며, 우변의 [匕-비]는 해골 옆에 꿇어앉아 절을 하는 사람의 모습을 형상화한 것으로, 이는 '사람의 죽음을 애도' 하는 뜻과 동시에 '살아남은 자의 고독' 을 의역하는 것이다.

또한, 사람을 지칭하는 단어 중에, 뒷 글자인 '람' 자에서는, [婪-탐할 람] 즉, 깊은 숲(林) 속에 아리따운 여자(女)만이 홀로 있으니, 고독하게 살아남은 자의 외로운 본능이 어찌 그를 탐하지 않으리오.

다시 말해서, 인(人)이 뜻하는 '사람' 이란, 자신의 뿌리와도 같은 조상을 떠받치며 숭고한 그 뜻을 계승 발전하려는 정신적 가치관을 추구하고 있는 반면에, 현실적으로는 혹독하게 몰아치는 삶의 시련에 부딪쳐 번민을 느끼면서도, 종족을 번성시켜나가려는 본능에 의하여 그 욕망의 대상을 찾아 온 숲을 헤매는 숙명적 존재임을 뜻한다.

이를 다시 의역한다면, 일시적으로 존재할 수밖에 없는 급박한 삶의 상황 속에서, 절박하게 드러나는 인간의 탐닉적인 속성을 뜻하는 어원이다. 따라서 '사람' 이라 함은, 살아남은 자의 고독함이 그 외로움과 불안함을 달래기 위해, '그 무엇인가를 죽도록 탐하는 탐욕스런 존재' 라는 의미이다.

그렇다면, 인간(人間)의 뒤 한자인 간[間-사이 간]이 의미하는 부분은 무엇인가. 이는 시간과 공간적인 의미로써, 門의 부가 의미하는 것은 안에서 밖으로 통하는 문 그 자체를 의미하기도 하지만, 가문(家門)이나 자신이 속해있는 굴레의 집단체적인 가치관을 의미한다. 그리고 그 문(門) 사이로 해(日-날일)와 달(月-달월)이 밝게(明) 비춤으로써 존립적인(살아있는) 의식 상태를 의미하는 것이다. 즉, 간(間)이란 세상으로 향하는 문으로써, 이승과 저승을 구분하는 시공간적인 관문을 뜻하며, 삶이 죽음으로 향하는 동안의 절박한 틈 '사이' (시공간)를 뜻한다고 할 수 있다.

흔히 우리가 '죽음과 삶' 을 구분할 때 '유명(幽明)을 달리 한다' 고 표현한다. 여기에서 뜻하는 '유(幽)' 는 불이 붙지 않은 심지로써 '드러나지 않는 그윽함' 즉, 죽음과 어두움을 상징하는 (의식이 없는) 무의식

상태를 뜻한다.

반면에 '명(明)' 은 해(日)와 달(月)을 직시하며, 엄연히 존립하고 있는 '현존의 의식상태' 를 뜻하고 있다.

즉, 이를 다시 정리하자면, '인간(人間)' 의 본질이란 끊임없이 무엇인가를 탐하려는 본능적 근성을 지닌 존재로서, 가문이나 자신이 속해 있는 굴레 등 의미적 가치관을 존중하며, 밖으로 드러난 세상을 향해 자신이 타고난 욕망을 드러내려는 의식을 지닌 존재적 상태를 말한다. 또한, 이는 삶의 계승자로서 존재하는 한시적인 상태를 뜻하며, 급기야 죽음을 통해 '드러나지 않는 그윽함' 즉, 무의식 상태로 돌아갈 수밖에 없는 고독한 존재라는 뜻을 암시적으로 담고 있다.

그렇다면 내 몸뚱어리에 들어와, 주인행세를 하고 있는 '나' 는 누구인가. 그리고 '나' 는 왜 이러한 세상에 매달려 존재해야만 하는가.

'나' 라는 존재는 좀처럼 이해할 수 없는 두려움이다. 나는 '나' 니까 하는 막연한 생각에 나를 잘 알고 있는 줄로 믿고 있지만, 사실은 내가 '나' 라는 정체조차도 제대로 알지를 못한다. 나는 그저 '나' 일뿐, 내가 고작 아는 것이라고는 나에게 붙여진 내 이름 석 자와, 살아 움직이는 내 몸뚱어리에 정체를 알 수 없는 '나' 라는 느낌이 빌붙어있다는 사실이다. 그것이 내가 나를 아는 것에 대한 전부이다. '나' 라는 존재는 왜 이리도 엉성할까. 그러고 보니 내가 왜 '나' 스스로에게 그토록 얽매여 왔는가를 조금은 알 것만 같다. 의지할 곳 없는 내가 허울뿐인 나의 정체를 두려워하면서도 그런 '나' 로부터 벗어날 길이 없었으며, 내가 '나' 라는 존재로부터 마땅히 떨어져나갈 곳도 없었기 때문이라는 것을.

흐르는 세월에 타들어가는 내 몸뚱어리는 언제까지 버틸 수 있을까. 나는 그곳에 생명의 심지를 걸고 스스로를 태워가는 불같은 존재로서, 의식의 빛이 발할 때마다 '나' 라는 착각에 빠져버리고 마는 현상에 불과하다는 점을 깨닫게 된다. 너무도 황당하다. 그렇게도 믿었던 나의 실체는 그 어디에도 없는 셈이다. 그저 삶이라는 현상이 그치고 나면 불이 꺼져 사라지듯 '나' 라는 존재는 흔적 없이 사라질 뿐이다. 어디 그 뿐이겠는가. '나' 라는 의식이 사라지고 나면, 나는 더 이상 나를 느끼지 못할 것이며, 죽어 나자빠진 내 몸뚱어리조차도 빈껍데기가 되어 썩어문드러지면, 내게 그 무엇이 남겠는가.

허무하지 않을 수 없다. 엄연히 살아있는 내가 나를 끝내 인정할 수 없다는 것이 그 얼마나 황당하단 말인가. 불확실한 존재로서의 '나' 는, 죽음의 공포가 가로막고 있는 황막한 이 세상에 고립되어, 철저히 무시를 당하고 있는 느낌이다. 믿고 의지할 수밖에 없는 자연의 섭리가 어찌하여 그토록 잔인할 수가 있단 말인가. 인간은 거부할 수 없는 죽음 앞에 초라해질 수밖에 없다. 삶으로 위장된 죽음의 덫에 걸려든 것처럼 당황스럽기만 하다.

뿐만 아니라, 생전에 나는 어떠한 형태의 누구였는지를 알지도 못하는 상태에서, 죽음을 통하여 또다시 내가 나를 잃어버리고 만다는 것이, 세상에 어떠한 황당함보다도 그 얼마나 덧없는 고독이겠는가.

하지만 부정할 수가 없다. 이 세상은 엄연한 섭리와 이치에 의하여 다스려지는 자연의 세계일 뿐, 인간 본위의 세상이 아니라는 점이다. 인간은 그저 자연에서 파생된 피조물에 불과하다. 인간을 포함한 생명의 근간은 물을 머금고 땅에 기운을 받아 생성하다 지고 마는 일시적 현상에 불과하다. 따라서 인간은 자연에서 태어나, 자연에 살다, 자연으로 돌아갈 수밖에 없는 피동적 존재이며, 그나마 자연의 굴레를 벗어나서는 결코 살아남을 수가 없다는 결론에 이른다. 세상은 그 어느 생명하나 흘려두는 법이 절대 없으며, 예외를 두지 않는다. 순응하고 적응치 못하는 생명은 가차 없이 거두어 갈 뿐이다.

자연의 섭리와 이치는 삶의 구조 속에서도 엄연히 존재한다. 밤(어두움)과 낮(밝음)이 한 쌍을 이루어 순환적으로 조화를 이루어나가듯이, 죽음과 삶의 형태는 한 쌍이 되어 일상에 뚜렷이 공존한다는 점이다. 인간은 자연에서 파생된 자연의 일환으로써 자연의 순환적 섭리에 순응하며 따라야 하는 이치이다. 어두운 밤이 드리우면 잠이라는 수면을 통하여 자연에 동화되듯이 자신의 의식을 상실당하고 무의식 상태(죽음의 세계)로 빠져든다. 숙면이란 '드러나지 않는 그윽함' 그 자체이다. 상반적인 현상은 어둠이 짙을수록 빛이 선명하게 드러나듯이, 칠흑같이 깊은 수면을 통해, 낮에는 보다 총명한 의식의 상태(생존에 세계)를 맞이할 수 있다는 상대적 조건 속에서 살아가는 것이다. 따라서 자연의 원리를 함축하고 있는 생명이란, 균형적인 자연의 이치를 거역할 수 없는 전제적 현상에 불과하다.

이러한 상극현상은 서로 다른 극과 극이 순리적으로 일으키는 음(陰)과 양(陽)의 조화이며, 자연의 섭리인 동시에 삶의 이치이다. 세상은 이처럼 완전히 상반된 양극의 성질인 음양이 신비로운 조화를 이루어 냄으로써, 하나의 객체를 생성시키고, 변화시키며, 소멸시킨다.

하늘이 있으면 땅이 있고, 밤이 있으면 낮이 있으며, 물이 있으면 불이 있다.

삶이 있으면 죽음이 있고, 선이 있으면 악이 있으며, 기쁨이 있으면 슬픔이 있다.

수컷이 있으면 암컷이 있고, 만남이 있으면 이별이 있으며, 실패가 있으면 성공이 있다.

이러한 이치로 사람 역시도 남자와 여자로 그 성이 나뉘며 한 쌍을 이룬다. 남성은 양성인으로서 하늘의 성격을 닮아 세상을 품에 넣고 지배하려는 독점의식이 매우 강하며, 그러한 성격 탓에 도발적이다. 반면에 여성은 음성인으로서 땅의 성격을 닮아 생명을 잉태하고 키워내는 모성애가 무엇보다 강하며, 외부의 간섭으로부터 지극히 보수적이다. 하늘과 땅처럼, 서로 다른 남성과 여성은 인간이라는 틀 속에서 하나의 조화를 이루어 종족을 보존하고 삶을 유지해나가는 것이다.

그 어느 하나라도 거부하거나 벗어날 수 없는 것들이 아닌가. 따라서 극과 극의 절대적 가치를 논할 수는 없을 것이다. 상반되는 극이 없다면 서로가 존재하는 그 의미도 없을 것이며, 존재하지도 못함으로써 결코 이 세상에 드러나지도 않았을 것이기 때문이다. 즉, 삶이 있기에 죽음이 있듯이 죽음이 없었다면, 인간의 삶 그자체도 아예 존재하지 않았을 것이라는 결론에 이른다. 따라서 좋고 싫음을 가름하는 잣대는 그렇게 생각하는 자의 편견에 불과하다는 것을 알 수가 있다.

어둠 속에서 유일하게 드러날 수 있는 것은 빛이다. 따라서 생명에게는 자신의 의식을 드러내고 살아갈 수 있는 빛이 필요하다. 만약에 생명이 의식의 빛을 잃어버린다면, 그 생명은 영원한 어두움 속으로 묻혀버리고 말 것이다. 즉, 삶의 의식적 관점에서 칠흑같이 어두운 죽음의 세계를 바라본다면, 죽음은 자신을 영영 의식할 수 없는 영원한 소멸에 속함으로, 절망 그 자체일 것이다.

그러나 우리가 깊은 단잠에서 깨어나기를 싫어하듯이 아무것도 아쉬울 것이 없는 '드러나지 않는 그윽함' 즉, 죽음의 차원에서 삶을 바라본다면, '나' 라는 존재조차도 아늑한 침묵이나 흔들어 깨우려는 귀찮은 존재쯤으로 여겨질 것이며, 이 세상 역시도 현란한 빛과 번민으로 난무하며 번거롭기 그지없는 성가신 공간의 틀에 불과할 뿐이라는 점이다.

그렇듯 삶과 죽음은 빛과 그림자의 형태처럼 일맥상통하지만, 그 고유의 본질은 서로 교합하지 아니하면서도 나름대로의 흡수력이 있으며, 절대적이면서도 표면적으로는 상호보완적인 관계를 유지한다. 죽음을 거부하는 삶이란 생존본능을 지닌 생명이 의식적으로 자각현상을 일으키며, 자신의 존재적 상황에 의미적으로 집착하고 몰입하는 경지에 이르렀음을 뜻한다. 두려움을 느끼며 들어선 삶이 비록 고통스러울지라도 생존의 경계에 턱을 쉽게 넘어서지 못하는 것은, 죽음이 고통스러운 삶의 도피처가 아니라는 인식을 주기 때문이다. 삶에서의 이탈은 삶에서의 해방이 아니라, 자신의 소멸이라는 의미적 상실감과 함께, 삶으로부터의 영원한 추방이라는 소외적인 피해의식을 줌으로써 절망적인 공포감을 조성한다. 따라서 죽음에 대한 공포는 오히려 생존본능을 부추기며 삶을 독려하는 역할을 하는 것이다.

살아있음이란 어둠에 의식적으로 저항하는 빛의 현상이다. 빛이란 그 무엇인가를 끊임없이 연소시키며 발광하여 빛의 존재를 유지시켜야 한다. 그러지 못하는 한, 흔적도 없이 어둠 속으로 사라져버리고 만다는 것이 빛의 한계이기 때문이다. 인간의 생명이 빛이라면 인간의 몸은 불이 붙도록 기름을 담은 그릇이라 할 수 있다. 따라서 삶의 기운을 느끼게 하는 생명의 불꽃은 육신의 수명을 태워버리다가 급기야 죽음으로 꺼져들고 마는 것이다.

하지만 삶을 향한 집착과 열정은 언제나 꺼지지 않는 영원한 불꽃이기를 바란다. 따라서 숙명적으로 타고난 피동적인 인간의 존재는 불가항력적인 현세의 상황을 초월하려는 간절한 열망에 의하여 불멸의 세계를 동경한다.

그것은 비정한 이 세상이 끝내 자신을 죽음으로 몰아넣고 육신을 거두어갈지라도, 이를 초월하여 자신의 존재가 담고 있는 생명에 대한 애착과 미련만큼은 절대로 포기하지 않겠다는 애절함이며, 의지적 염원이다. 이와 같이 생명을 통하여 자신을 의식하는 인간의 본성적 바람은, 죽음 그 자체를 자신의 되돌림, 즉 '드러나지 않는 그윽함' 그 자체로 보는 것이 아니라 자신의 의식이 지속적으로 머물 수 있는 또 다른 이상의 세계로 그려냄으로써, 굴복할 수밖에 없는 죽음에 대한 공포를 달래고, 고독한 삶을 위안 받으려는 보상심리가 깔려 있다고 볼 수 있다.

인간의 이상적인 정신세계를 동경하고 추구하는 종교적인 측면에서도 죽음을 종말(끝)로 받아들이지 아니한다. 비록 육신은 소멸될지언정, 어떠한 형태로든 죽지 않는 영혼의 세계가 지속된다고 믿는 것이다.

삶이란 이룰 수 없는 꿈처럼이나 애절하면서도 여한이 풀리지 않는 죽음이 있기에 더욱 애착을 느끼는 것이다. 자신이 가장 사랑하고 의지하는 사람이나 가족과도 언젠가는 사별을 해야 하고, '나' 라는 존재조차도 이 세상에서 흔적 없이 소멸될 수밖에 없다는 엄연한 현실을 어찌 쉽게 수긍할 수 있겠는가. 육신의 세계인 이승이 있다면 영혼의 세계인

저승이 있다고 믿는 것도, 삶에 대한 열망과 회한에서 비롯된 심리적 사상이다.

이 세상의 모든 생명체는 생명의 근원인 물이 없이는 살아갈 수가 없다. 생명의 어머니와도 같은 물은 생명을 잉태하고 길러내면서도 살아가는 법을 가르친다. 물이 위에서 아래로 흐르듯이 시간의 흐름에 역행할 수 없으며, 흐름을 멈추면 고인물이 썩듯이, 순환을 멈추면 생명을 보장받지 못한다는 이치를. 목말라하는 생명에게 목을 축여주고, 삶에 지친 고단한 몸에 활력을 불어넣어주는 물이 없다면 생명은 결코 존재하지 못할 것이다.

이처럼 실체가 분명한 생명의 상징이 '물' 이라면, 그 실체가 불분명한 의식적 영혼의 상징은 이와는 상반된(역학적 관계) '불' 이 될 것이다.

불이란 부정할 수 없는 존재이지만, 뚜렷한 형체가 없어 잡히지도 아니하고 그 어디에도 속박되지 아니한다. 현존하는 피사체를 태우고 승화시켜 사라지게 하는 신비로운 마력을 지닌 불가사의한 존재로서, 결코 그 실체를 드러내지 않는다. 불꽃은 허공 속에 잠재되어 있다가, 허공 속에서 생성되며, 허공 속으로 사라지는, 시간과 공간의 초월자로서 종속적인 형태의 틀을 벗어난 자유의 표상이다. 따라서 삶의 틀에 얽매여 있는 육신을 벗어나 이상을 향하여 비상을 꿈꾸는 인간의 영혼을 '불꽃' 으로 비유하는 것이다.

때문에 정신적 세계를 지향하는 의식에 앞서서, 교회나 법당에 촛불을 켜는 까닭도 이러한 의미를 담고 있으며, 죽은 영혼을 부르는 제례의식(죽은 자를 추모하는 동시에, 사후세계에서의 새로운 탄생을 축원하는 의미도 있음)에 있어서도 촛불을 켜는 이유가 여기에 있다. 삶의 극한 상황에 있어서 의식할 수 없는 한계는 죽음이며, 체험하지 못해 알 수 없는 죽음의 정체에 대한 인식은 추상적인 해석에 따라서 다를 수밖에 없다.

죽음을 형벌로 받아들이는 종교에서는 원죄론을 펴고 있다. 즉, 죄가 없다면 죽음이라는 가혹한 형벌을 받을 리가 없다는 논리이며, 따라서 그 원죄를 회개로써 용서받고 가엾은 영혼은 영생으로 구원받아야 한다는 것이다.

또한, 죽음을 자연의 섭리와 이치로 받아들이는 종교에서는 밤과 낮의 순환처럼, 죽음과 삶 또한 음양의 이치와 같은 순환적인 조화로써 죽음을 윤회적인 새로운 삶으로 받아들이고 있다. 즉, 삶에 집착하는 아집이 죽음을 두렵게 만들지만, 그 옹졸한 마음에서 벗어나(해탈) 넓은 의미로서 보면, 죽음이란 새로운 삶의 관문이라는 논리이다.

이처럼 인간의 심리를 다루는 종교 간의 논리는 다소 차이가 있지만, 인간의 죽음을 완전한 의식의 소멸로 받아들이지 않고 있다는 점에서는 공통점을 지니고 있다. 어쨌든 무한대의 시간과 공간 속에서 어떠한 형태로든 자신의 존재가 지속될 것이라고 믿고 싶어 하는 것이 인간의 심리이다.

인간은 자신에 대하여 잘 알고 있는 것 같지만, 그것은 착각에 불과하다. '자신을 의식하며 바라는 것' 외에는 사실상 아는 것이 전혀 없다. 몸과 마음으로 양분된 자신의 실체가 무엇이며, 무엇을 위하여 어떻게 살아야 하는지, 그리고 왜 죽어야 하는지, 아무런 정의를 내릴 수가 없다. 따라서 인생에 있어서 인간의 갈등이나 방황은 이미 예고된 것이나 다름이 없다. 무지함에서 오는 긴장과 초조함이 불투명한 삶을 더욱 불안하게 함으로써 심한 고뇌를 느끼고 온갖 번민에 시달리게 된다. 자신이 의지하고 살아가는 이 세상이 왜 자신에게 그토록 감당하기 어려운 시련과 고통을 주는 것인가. 세상과 자신과의 관계를 정리해본다. 대단하게만 느껴왔던 자신의 존재가 이 세상에서는 정체를 알 수 없는 이방인에 불과하다는 것을 깨닫게 된다. 이 세상을 떠도는 이방인으로서 느낄 수밖에 없는 고독함과, 끝내 자신을 보장받을 수 없다는 소외감으로 인하여 삶에 대한 무상함을 느끼게 되는 것이다.

세상은 생명에게 생존에 필요한 자연적 환경조건과 생명을 영위할 수 있는 기본적인 능력, 즉 본능만을 부여했을 뿐, 생명이 누릴 수 있는 특권은 부여하지 않았다는 것을 알 수가 있다. 배고픈 고통을 달래기 위해서는 본능에 따라 먹이를 찾아 먹어야 하듯이, 배가 고프다고 소리를 지르고 떼를 쓴다고 하여 세상이 배고픈 사람의 입에 밥을 넣어주지는 않는다는 뜻이다. 이 세상의 생존법은 약육강식이다. 따라서 삶의 특권이라 함은, 본능과 욕망이 불러일으키는 목적에 따라 자신의 능력을 발휘하여 도전을 하고 승리를 쟁취함으로써, 승자만이 누릴 수 있는 권한이라고도 할 수 있다.

인간에게 있어서 육체적 욕구는 신체의 안전을 보장받은 상태에서 자신을 만끽할 수 있는 현실적 만족과 쾌락을 추구하지만, 인간의 심리적 욕망은 현실적인 만족을 뛰어넘어 자신이 꿈꾸는 추상적 사상을 포함한다. 이는 인간의 육신이 비록 현실이라는 한계의 틀 속에 속박되어 있지만, 인간의 정신은 그 한계를 초월하여 그 끝을 헤아릴 수가 없다는 것이다. 현실이 가로막고 있는 자신에 대한 한계를 벗어나, 보다 이상적인 삶의 극치에 도달하려는 인간의 요원한 꿈은, 그자체가 세상에 대한 무모한 도발이자 반항일지도 모른다. 그렇지만 그 같은 욕망은 자제할 수 없는 본능에 속한다. 본능을 포기한다는 것은 자신을 포기하는 것과도 같다. 이 세상 그 무엇과도 바꿀 수 없는 자신을 포기할 수는 없질 않겠는가.

따라서 인간이란 미래를 예측할 수 없는 불확실한 존재로서, 확신을 찾아 가려는 의식적 본능이 매우 강하며, 보다 이상적인 세계를 꿈꾸듯이 불완전한 현실에 만족하질 않는 탐욕스런 존재라는 뜻이다.

인간의 심리

인간의 심리

인간의 모든 생각이나 행동은 마음속에 자리 잡고 있는 인간의 심리에서 비롯된다. 이러한 인간의 심리는 자신을 위험으로부터 보호하고 지켜내는 파수꾼인 동시에, 주변 환경이나 상황을 탐색하고 주관적인 사고방식으로 자신의 삶을 보다 발전적으로 유도하려는 운영자의 역할을 수행한다. 하지만 삶은 그 구조 자체가 단조로운 것이 아니라, 이 세상만큼이나 복합적이기 때문에 종합적인 판단을 요구하며 그 결과에 따라 책임을 떠안게 되는 것이다. 한 가지 사실에도 각기 다르게 반응하는 인간의 심리를 단적으로 규정짓기는 어렵겠지만, 보편적인 심리적 상황을 분석하고 이해를 도모하기 위하여 내면의 세계로 접근해가 보기로 하자.

깊은 잠에서 깨어나듯이 세상에 처음으로 태어난 인간의 심리는 낯선 세상에 대한 두려움을 느끼며 울음을 터트린다. 자신이 한없이 나약한 존재라는 것을 자각하게 되며, 전적으로 어미의 슬하로 파고들어 어미의 보호본능을 자극하여 생존본능을 발휘하는 것이다. 그러면서도 자신이 살아가야 할 이 세상에 대하여 끊임없이 탐색하며, 자신이 어떻게 대처해나가야 하는지를 생각한다. 생존에 대한 불안함을 느끼면서도 신비롭게 느껴지는 것들에 대한 호기심이 삶이라는 여행을 실감나게 부추기는 것이다.

어느 정도 세상을 알게 되고 사람으로서 자연스럽게 정착한 인간의 심리는 명확한 주인이 없이 텅 비어있는 듯한 이 세상이 자신의 터라는 착각을 하기 시작한다. 마치 나그네가 빈집에 들어와 주인행세를 하듯이, 이 세상을 자기 마음대로 생각하고 소유하고 치장하려고 든다. 이러한 자기중심적 사고방식은 우주의 절대적 가치라고 믿고 있는 자신이 죽으면 세상의 모든 것이 끝나고 영영 사라진다고 믿는다. 따라서 '세상을 잃는 것이 죽기보다도 싫다' 는 덧없는 외침은 생존본능의 의식이 얼마나 강한지를 단적으로 말해준다.

삶은 죽음을 전제로 형성된 가련한 '육체' 와, 영원을 희구하되 일시적으로 머무를 수밖에 없는 '영혼' 과의 기구한 만남으로부터 시작된다. 애끓는 동병상련의 필연적 관계로 표리일체를 이루지만, 삶의 끝에 예고된 '육체' 와 '영혼' 이 본래의 자리로 되돌아가는 결별은 결국 사망을 뜻하며, 死亡(사망)이라함은 '죽어서 잊혀 질 뿐이다' 라는 결론에 이른다. 결코 영원할 수 없는 두 객체의 만남은 서로가 필연적이면서도 숙명적이고 합의일체이면서도 미완의 구성체인 것이다. 이러한 한시적 구조 속에 웅크린 자세로 불안하게 도사리고 있는 것이 바로 인간의 심리라고 할 수 있다.

그렇다면 '육체' 와 '영혼' 이 왜 따로 존재할 수밖에 없는가.

인간의 육체와 영혼이 '생명' 으로 맺은 사이라고는 하지만 '실' 의 존재인 육체는 엄연히 실존하는 반면에, '허' 의 존재라고 할 수 있는 영혼은 그 존재나 형체를 그 어디에서도 찾아볼 수가 없다. 하지만 그 형체조차 찾아볼 수 없는 영혼이 분명히 존재한다는 사실에 대하여 부정할 사람은 아무도 없을 것이다. 인간이란 자체부터가 '허'와 '실'의 조화로서 진정한 존재의 정의조차를 내릴 수 없는 괴이한 현상의 구성체라는 뜻이다. 더구나 인간의 몸과 마음이 하나의 생명을 형성한 상태에서도 통합된 결정체로 존재하는 것이 아니라, '실제'와 '허구'라는 각기 다른 본질적 특성을 그대로 유지하며 공존관계를 이룰 뿐이라는 놀라운 사실이다. 몸이 현실적인 실리를 추구하는 반면에 마음은 비현실적인 이상을 추구하고, 몸이 육감적인 쾌락에 집착하는 반면에 마음은 추상적인 이상을 희구한다. 뿐만 아니라, 인간의 마음이란 내면의 세계에서 뜨고 지는 태양처럼, 삶의 궤도를 따라 돌며 낮과 밤을 연출한다. 빛과 어둠이, 의식과 무의식으로 변환하여 상호작용을 일으키는 것이다. 의식의 빛에 의하여 현실의 세계가 드러나면 현실을 감당하고 있는 육체(실)가 활동을 주도하지만, 저녁노을이 지듯이 피곤함에 지쳐 정신이 혼미해져 가면 인간의 마음은 현실을 벗어나 암흑의 세계로 빠져든다. '허'(마음)가 의식에서 '드러나지 않는 그윽함' 즉 무의식 상태로 돌아가는 것이다. '허'(마음)를 상실한 '실'(몸)은 마치 세상에 버려진 듯 맥을 못 추고 방치되어 늘어짐으로써 무기력한 수면의 상태로 빠져들고 만다. '허'가 결부하지 않은 '실'은 그 존재의 가치를 상실하고 마는 것이다. 잠에 취해 늘어져 있는 몸은 자신을 벗어난 마음이 돌아오기만을 기다린다. 마음이 몸에서 떠나가 있는 순간, 몸도 마음도 의식을 잃고 세상과의 교감이 단절되는 공백이 발생한다. 수면상태에서 충족감을 느낀 정신이 돌아와 몸을 깨우면 그때서야 자신을 되찾듯이 의식을 되찾는다. 허와 실의 세계에서 파생된 마음과 몸이 그 본질을 벗어나지 못하는 상태에서, 이별과 재회를 거듭하며 상생을 도모해나가는 것이다. 몸과 마음이 다시 깨어날 수 있었던 것은 잠들은 순간에도 호흡을 통하여 세상과 소통을 하며, 시간 속에 머물러 있던 생명의 자락을 놓지 않았기 때문이다. 이렇듯이 '생명' 이란 마음과 몸을 '의식적' 으로 이어주는 연결고리에 불과할 뿐, 허와 실의 본질적 범주를 뛰어넘지는 못한다.

그렇다면 '허' 의 존재라고 할 수 있는 마음의 정체를 어떻게 증명할 수 있을까.

인간은 '허' 와 '실' , 즉 '없음' 과 '있음' 을 구별할 때 보고 만져서 느껴지는 육감만으로 판단을 하려는 습성이 있다. 그러나 이것은 동물적 감각에 의존한 능력의 한계에 불과하다. 현실에 드러나 있는 물질에는 자신의 존재를 알리려는 근성이 존재한다. 따라서 물체를 때리면 반항이라도 하듯이 자신의 존재를 알리는 소리를 낸다든가, 빛을 쬐이면 빛의 통과를 차단하고 자존적으로 거부하는 빛의 반사로 그 형체를 드러내는 것이다. 그러나 현실에 드러나 있지 않은 존재는 마치 아무것도 없어 보이는 텅 빈 허공과도 같다. 없음이란 '없음' 이 머물 빈 공간조차도 없어야 함에도 불구하고, 빈 공간이 버젓이 존재한다는 것은 보이지 않는 그 무엇이 가득 차 있음이 아니고 무엇이겠는가. 풍선에 공기를 불어넣으면 풍선이 팽창하여 부피가 늘어나듯이 공간이란 저절로 생긴 것이 아니라, 드러나지 않은 잠재력의 포화상태로 꽉 찬 여백임을 알아야 한다. 텅 빈 공간의 진 모습은 발광적인 빛이 사라지고 난 뒤에 확연히 드러난다. 정체를 알 수 없는 검은 입자들이 그 넓은 공간을 빈

틈없이 메우고 있다는 사실이다. 칠흑같이 어두운 공간에서는 실존의 존재들조차도 흑막 속에 가려진 채, '허' 와 '실' , 즉 '없음' 과 '있음' 을 전혀 구별할 수 없을 뿐만 아니라, 손가락 하나 비집고 들어갈 틈도 없어 보인다. 따라서 허공과도 같이 텅 빈 공간이란, 실체를 드러내지 못한 무형의 소립자와 미립자들로 형성된 잠재의 세계라고도 할 수 있다.

우주의 구조 자체가 '허' 와 '실' 의 어울림, 즉 '없음' 과 '있음' 에 조화라는 것을 의미하듯이, 우주의 텅 빈 공간에는 엄청난 크기의 행성들이 떠있다. 사람들이 쉽게 말하기를, 우주의 빈 공간(없음)에 헤아릴 수 없는 무게의 행성(있음)들이 떠있는 것은 단지 무중력(중력이 없음) 상태이기 때문이라고 단언한다. 그러나 분명히 알아야 될 것이 있다. (중력이) '없는' 힘이 엄청난 무게로 '실존' 하는 행성들을 떠받치고도 남는 위력을 지니고 있다는 사실이다. 이는 '드러나지 않은 존재' 즉 '허' 의 잠재력이 '드러난 존재' 즉 '실' 의 실질적인 비중에 결코 뒤지지 않는다는 것을 뜻한다. 허공에 떠있는 동그란 달을 쳐다보라. 무한한 '허' 속에 떠있는 조그만 '실' 의 존재가 그 얼마나 왜소하게 보이는가. 태양이나 달을 지구에서보다 아주 멀리서 바라본다면, 백지 위의 작은 점으로 보일 것이다. 백지는 없음을 뜻하고, 점은 있음을 뜻한다. 그러나 백지가 없다면 점을 찍을 수가 없다. 따라서 '없음' 이 없다면 '있음' 도 존재할 수 없음으로 없음과 있음의 비중은 같다는 것을 의미한다.

세상의 이치는 상반적인 어울림이다. 하늘이 없는 땅이나, 땅이 없는 하늘은, 존재할 수도 없고 존재할 의미도 없음을 뜻한다. 따라서 하늘과 땅은 서로의 존재적 의미이다. 또한 자연에서 생성된 인간의 몸은 땅과도 같은 '실상의 존재' 이며, 인간의 영혼은 하늘과도 같은 '허상의 존재' 와도 같다는 것을 의미한다.

자연의 이치를 그대로 옮겨놓은 듯한 인간의 영혼과 육체가 서로의 존재를 인정하고 서로가 서로를 받아들일 수밖에 없는 데에는 그만한 이유가 있다. 인간의 육체는 실질적으로 분명이 존재하지만 자활능력을 갖추지 못한 유기체에 불과하다. 따라서 자신을 의지할 수 있는 능력이 필요하다. 반면에 인간의 영혼이라고 할 수 있는 정신은 스스로 의식을 드러내지 못하는 잠재력의 소립자에 불과하므로 전이를 일으켜 발광할 수 있는 매체가 필요하다. 때문에 영혼과 육체는 서로의 필요조건에 따라 '허' 와 '실' 의 공존을 선택하게 된다. 즉, '허' 가 '실' 에게 전기신호를 보내고 뜻이 맞닿아 옮아가면, '실' 이 '허' 에게 물리적 반응을 일으켜줌으로써, 교합과 결합이 이루어지고 조화롭게 섞여 표리일체를 이루는 것이다. 육체는 정신의 통제능력에 의존하여 존재를 보장받고, 정신의 잠재력은 육체에 전이현상을 일으켜, 마치 마음이 실제로 존재하는 양, 의식의 잠재력을 불살라 일으키는 현상이다. 심지에 붙은 불꽃이 바람을 타고 마치 살아 움직이는 것처럼 보이듯이.

세상에 드러난 인간의 육체가 실질적인 외면의 세계를 대표한다면, 세상에 드러나지 않는 인간의 마음은 가상적인 내면의 세계를 대변한다. 외면의 세계를 움직이는 것이 세상의 이치라면, 내면의 세계를 움직이는 것은 인간의 마음속에 자리 잡고 있는 인간의 심리이다. 세상의 이치가 원리원칙에 입각한 사실 그대로의 엄격함이라면, 인간의 심리는 직설적이면서도 감상적이고, 감성적이면서도 추상적이고, 실질적이면서도 이지적이다.

하나의 예를 들어보자.

'나는 길을 걷다가 그 많은 사람 중에, 알지도 못하는 누군가와 눈을 마주치고 그냥 스쳐갔다.' 그것이 사실의 전부이다. 일상에서 비일비재하게 일어나는 이 단조로운 사실은 더 이상의 변화도 없는 사실 그대로일 뿐이다. 그러나 인간의 심리에 따라서는 이 단편적인 사실 속에서도 파동을 일으킨다.

'그를 처음 본 순간, 나는 숨이 멎을 것만 같았다. 내가 그렇게도 동경하던 이상형을 발견한 것이다. 꾸밈이 없이 단아하면서도 청순한 자태를 보는 순간, 가슴이 뭉클하게 조여 오면서 형언할 수 없는 감정들이 일순간에 밀려왔다. 나를 꼼짝 못하게 사로잡는 듯한 그에 영롱한 시선을 통하여 내 마음이 빨려 들어가는 것을 느꼈기 때문이다. 그저 스쳐 지나칠 수밖에 없는 짧은 순간이었지만, 나는 뭉클했던 그 감동을 벗어날 수가 없을 것만 같다.' 라고 하는 심리적 감정이 일어날 수도 있다는 것이다.

이는 인간의 심리가 외부적 환경이나 영향에 민감하게 반응을 일으킨다는 것을 뜻한다. 또한 자기본의적인 사고방식을 가지고 있음으로 모든 일을 자신과 연관시켜 생각하려는 습성이 강하며, 자신과 무관한 일에 대해서는 별다른 관심을 갖지 않아 스치는 바람처럼 무심코 흘려버리는 경향이 많다.

인간은 자연을 닮은 천지(天地)의 조화이다. 이상을 향하고 있는 마음에 고향은 하늘이요, 자연이 그대로 담겨있는 육신의 고향은 땅이다.

따라서 하늘을 닮은 '타고난 인간의 천성(天性)' 이라 함은, 빛을 가로막지 않고 통과시키며, 바람에게 갈 길을 열어주고, 구름에게 그 공간을 내주는 넓은 아량과 도량을 지녔다는 의미이다. 하지만 인간의 마음이 충동감에 자극을 받아 욕망에 사로잡히면, 심리적으로 허기를 느끼게 되어 하늘과도 같이 텅 빈 마음을 채우려든다. 그것이 욕심이다. 다시 말해서 '인간이 욕심을 가지면 한도 끝도 없다.' 라는 말이 있다. 이 말의 뜻은 인간의 욕심이란 아무리 채워도 끝이 없는 하늘의 공간과도 같다는 것을 의미한다. 따라서 '마음을 비워야 한다.' 는 소리는 자고로 끝없는 하늘을 채우려는 부질없는 무모함을 버리고, 원래의 빈 하늘처럼 가벼운 상태에서 항상 청명함을 유지해야 마음이 홀가분하다는 뜻이다.

한편 인간의 몸은 땅에서 파생되어 땅으로 돌아가는 지성(地性)을 닮아 자연발생적인 욕구가 매우 강하다. 생존본능에 따른 식탐이 강할 뿐만 아니라, 번식본능에 따라 충동적인 성적욕구에 얽매이기도 한다. 실질적이고도 감각적인 쾌락을 추구하며, 박탈감에 의한 상대적인 독점의식이 매우 강하다.

인간의 심리는 자신의 삶을 전반적으로 관장하는 주체자로서 낙천적인 면도 있으나, 자신에 대한 애착심과 자긍심이 무엇보다 강하다. 따라서 자신의 존재가치를 무시당하거나 침범 당했을 때, 상대의 비수에 허를 찔린 듯 치명적인 피해의식을 느끼며 거세게 반발하게 되는 데, 이것이 바로 자존심이다.

자존심이란 자신의 상실감이나 모멸감에서 오는 심리적 충격에 의한 변란상태로서 심리적 복병을 만났을 때, '당했다' 는 억울함에 의한 상대적 적개심을 참지 못해 흥분과 분노를 일으키며 조건반사적으로 감정의 칼날을 세운다. 즉, 상대로부터 모멸감을 느낌으로써 상대의 정신적인 음해에 저항하고자 본능적인 오기가 반발을 일으킨다. 반박에 의한 반박으로 이어지는 자존심 싸움에서 이기려고 하는 것은 자신 또한 상대의 존재가치를 말살하려고 달려드는 것처럼 무모한 발상에 지나지 않는다. 자기도취에 빠져버리고 마는 자존심 대결의 특성상, 감정에 의한 고리는 좀처럼 풀리지 않아 서로가 서로를 적대적으로 갈라놓을 뿐이다. 상대의 탓으로만 돌리려는 화풀이 식의 면박이 화근이 되어 시시비비를 따지다가 자존심 다툼으로 이어짐으로써, 사랑이 미움으로, 동지가 적으로 돌변하는 경우를 주변에서 흔히 볼 수가 있다. 자존심 다툼이란, 이성을 벗어난 오기의 대결로써 실질적인 실리를 기대할 수가 없는 허무맹랑함이다. 상대를 비아냥거리거나 능멸할수록 상대의 감정만을 증폭시켜 반감만을 부추길 뿐이다. 일단 흥분을 가라앉히고 관망하는 인내심이 필요하다. 이성을 상실한 상대의 반발을 액면그대로 받아들여서는 안 된다. 맞받아치지 않는 한, 상대의 오기도 제풀에 겨워 시들게 마련이다. 그래도 상대가 분을 삭이질 못한다면 상대에 대한 실망의 빛을 나타내는 선에서 그쳐야 한다. 우쭐함에 수단방법을 가리지 않는 자존심 싸움에서 상대방을 무참히 짓밟고 무너트리는 것만이 통쾌한 승리인 듯 느껴지지만, 그것은 오히려 자신을 무너트리는 자충수에 불과하다. 결과적 승리는 서로가 냉정을 되찾았을 때, 누가 자신을 절제하고 보다 냉정하게 대처하였는가에 달려있다는 점을 결코 간과해서는 안 될 것이다.

자신을 비관할망정 자신을 업신여기는 사람은 아무도 없다. 그러므로 아무리 하찮게 보이는 사람일지라도 상대를 깔보듯이 자존심을 건들면 안 된다. 무심코 던진 말 한마디가 상대가 듣기에는 가슴에 꽂히는 비수가 될 수도 있다는 뜻이다. 상대를 업신여기고 무시한다면 마음에 상처를 입은 상대는 자신에게 적개심을 품고 언젠가는 앙갚음을 하겠다고 벼를 것이 뻔하다. 인간이란 자존심 하나에 명분을 내세우고 목숨까지도 과감히 거는 의미적 존재이기 때문이다. 따라서 상대의 공연한 감정을 건드려 적을 만들어서는 절대 안 되며, 상대의 환심을 사려고 노골적으로 치부하는 것도 바람직하지 않다. 간도 쓸개도 없는 사람을 좋아하거나 믿을 사람은 아무도 없기 때문이다. 자신보다 나은 사람은 자신의 부족함을 자각케 하여 자신을 이끌어 주는 사람이요, 자신보다 못한 사람은 자신에게 자긍심을 느끼게 해주는 사람으로 받아들이는 자세가 필요하다.

모든 사람의 마음이 자신과 같을 수는 없다. 비록 상대가 답답해 보일지라도 상대방을 업신여기거나 깔본다는 것은 소양이 부족한 오만불손함을 뜻하며, 그러한 언행은 오히려 화를 자초하게 된다는 사실을 알아야 한다. 따라서 아무리 화가 나더라도 상대의 부족함을 무능함으로 몰아붙여서는 안 되며, 상대의 잘못을 일깨워주려는 의도를 벗어나 꼬투리라도 잡은 듯 능멸하려든다면 서로의 관계는 파멸로 치닫게 될 것이다. 그러므로 '상대를 어떻게 대하느냐'에 따라서 상대로부터 받는 자신에 대한 대우가 달라진다는 것을 명심해야 한다.

또한 인간의 심리는 향상 흐르는 시간과 같아 고정화된 가치관을 갖지 못한다. 현재란 언재까지나 머무를 수 없이 스쳐가는 순간에 불과할 뿐, 미래가 될 수는 없기 때문이다. 그토록 원하는 것을 쟁취했다고 하더라도 오래되지 않아 곧 싫증을 느끼며 새로운 것을 추구하듯이 인간의 심리도 흐름에 따라 변하는 것이다. 부서지고 내팽개쳐진 장난감은 많으나 당장 가지고 놀만한 장난감이 없으니 새것을 사달라고 보채는 아이가 그렇고, 옷장에 옷은 많으나 마땅히 입을 만한 옷이 하나도 없다고 투덜대는 사람의 심리가 그러하다. 버려지다시피 한 장난감이나 옷들도 구입했을 당시에는 최고라고 여기고 기뻐하며 선택한 것들이다. 그것들의 기능이나 색감은 구입 당시 그대로 변하질 않았다. 변한 것은 그것을 선택한 사람의 심리이다. 인간의 심리는 새로운 것을 한없이 탐하여 취하는 만큼, 변질된 마음은 한없이 버려진다.

새로움을 동경하며 추구하려는 인간의 심리는 단순한 호기심이나 소유욕을 채우기 위한 수단 때문만은 아니다. 변화가 없는 정체된 현실에 막연히 머문다는 자체가 고립감을 주어, 지루하고도 고리따분하게만 느껴지는 까닭이다. 마치, 질식할 것만 같은 밀폐된 공간에 갇혀 답답함을 느끼는 것처럼, 정체란 변화가 없는 고정된 상태에서의 썩어문드러짐을 연상케 한다. 따라서 새로움이 주는 설렘이나 기대감 등을 통하여 생동감을 느끼고 신선한 공기를 마시듯 새로운 활로를 찾아가려는 심리적 의도가 다분하다. 새로움이란 미래를 향한 현재의 탈출구이며, 기대심리를 부추기는 희망을 담고 있다. 이같이 새로움을 추구하려는 인간의 심리적 습성에 의하여, 과학을 비롯한 인간의 문명이 진보적으로 발전하는 동기를 유발시키기도 한다.

그렇다고 해서 낡고 오래된 것이 무조건 버려지는 것만은 아니다. 이삿짐을 꾸리다보면 현재 쓰이고 있는 신제품 보다, 정리해서 버려야 할 낡고 오래된 물건들이 훨씬 많이 처박혀있다는 것을 발견할 수 있다. 그러나 이를 쉽게 버리지 못함은 필요가치에 의해서가 아니라, 그것들이 담고 있는 과거에 대한 애환이나 특별한 추억에 의한 상징적 의미를 간직하려는 심리에 의함이다. 새로운 미래가 피할 수 없는 선택이라면 자신의 추억이 깃들어있는 과거의 잔재에 대해서는 연민의 정과 함께 그리움을 느끼기 때문이다. 이는 인간이 새로움을 추구하며 미래로 향하지만, 미래로부터 멀어져가는 특별한 추억을 아쉬워하며 그리움에 사무쳐 되돌아가고픈 정서를 지니고 있음이다. 싫증이 나서 투정을 부리다가도 막상 사랑을 잃은 후 가슴앓이를 하고, 고리타분했던 어릴 적 고향에 대한 향수를 느끼며, 성공한 자리에서 고생했던 시절을 회상하고 감회에 젖는 것은, 삶에 있어서 절대적인 가치를 느낄 수 없기 때문이다. 낡고 오래된 아름다운 추억 속에는 자신의 풋풋한 채취와 함께 못 다한 아쉬움과 그리움이 남아 있으며, 다시는 돌이킬 수 없기에 더욱더 소중하게만 느껴지는 것이다.

인간이 의도하는 행위는 반듯이 대가를 바라는 심리적 발상에서 비롯된다. 누구를 사랑함에 있어서도 일방적인 순수함이란 있을 수 없다. 사랑하지 않고서는 견딜 수 없는 심리적 이끌림에 의한 피동적인 행위에 속한다. 이러한 의도는 상대의 특별한 관심을 이끌어내 상대의 마음을 독차지하려는 욕망에 의한 것이다. 또한 자신의 이익을 위한 행위는 물론이거니와, 남의 어려움을 보다 못해 도와주려는 행위조차도 따지고 보면, 동정에 끌리는 자신의 여린 마음을 차마 뿌리치지 못하여 행하는 심리적 행위에 속한다. 선행이라는 행위를 통하여 상대로 인한 마음의 그늘에서 벗어나 자신의 심리적 충만감을 얻기 위함이기 때문이다. 따라서 인간의 심리를 단적으로 표현한다면, 삶의 굴레 속에서 최대의 만족과 기쁨을 취하려는 속셈이 깔려있다고 볼 수 있다.

인간의 심리는 자기본위적인 성격을 지니고 있다. 그러므로 사회적 동물인 인간의 심리는 타인으로부터 자신의 존재가치를 인정받기를 바란다. 자신의 존재 가치가 다수의 무관심 속에 묻혀 무시를 당한다든가, 뜻이 받아들여지지 않아 자신이 묵살당할 때, 시끌벅적 한 대중 속에서도 고독을 느끼는 것이 인간이다.

인간은 자신을 과시하려는 습성을 지니고 있다. 열등의식이 강할수록 과시욕은 강하게 나타난다. 상대를 경계하는 심리로써 자신의 우월성을 내세워 자신의 존재가치를 확고히 다지고자 함이다. 이에 반응하지 말라. 이를 빈정대며 상대를 시기하고 모함하려드는 것은 상대적 빈곤감의 소치이며, 질투에 의한 반감은 소외감으로부터 오는 심리적 반발에 의한 추태일 뿐이다. 남보다 돋보이려는 인간의 심리는 절대적 가치를 지닌 것이 아니라, 상대적 평가를 근거로 하기 때문에 쓸데없는 반박은 분쟁만을 유발한다. 그에 대한 만족감 역시도 절대적 가치기준에 두질 않고 상대적 평가에 따른 우월감에 그 기준을 두고 있으므로 별다른 의미가 없음을 알아야 한다.

이 세상에는 서로가 대치되는 극과 극이 존재한다. 음과 양의 이치이다. 서로가 상반되는 성질에 민감하게 반응하면서도 결코 동화되지는 않는다. 삶과 죽음이 동시에 공존하지 않듯이, 빛과 그림자는 뒤섞이지 않는다는 뜻이다. 빛이 강하면 강할수록 그림자는 짓게 드리울 뿐이다.

삶과 죽음 사이에 머무는 인간의 불안한 심리 속에도 서로 다른 두 극이 엄연히 존재한다. 긍정과 부정, 희망과 좌절, 기쁨과 슬픔, 사랑과 미움, 선과 악, 양심과 파렴치, 희열과 분노처럼, 인간의 심리는 향상 양극의 공한 속에서 갈등을 느끼며 고뇌하고 느낌에 따라 반응한다. 나쁘지 않으면 좋고, 좋지 않으면 나쁜 것처럼, 인간의 심리가 어느 한 극점에 이끌리는 것은 양극이 서로 밀고 당기는 상대적 성질을 지니고 있기 때문이다. 따라서 인간의 감정과 행동이 '본의 아니게~' 라는 결과를 낳기도 한다.

이는 인간의 심리에도 서로 상반된 극과 극이 반작용을 일으키며, '반감' 이라는 현상이 드러난다는 증거이다. 즉, 자신이 간절히 원하는 만큼, 그것을 얻지 못했을 때, 좌절감에서 오는 자괴감을 견디다 못해 그 대상을 아예 말살시켜 버리려는 파괴본능과 함께, 반대극구적인 현상을 일으키기도 하는 것이다.

'그는 그녀를 너무나 원했고 사랑했기에, 그녀를 죽일 수밖에 없었다.' 라는 반의적 어원을 풀어보자.

그는 그녀를 무척이나 사랑했다. 그러나 그녀는 그런 자신의 간절한 마음을 끝내 외면하고 받아주질 않았다. 그러자 그의 열렬한 사랑은 박탈감을 느낀 나머지, 서러운 반감이 작용하여 사랑이 미움과 분노로 바뀐다. 지극한 사랑이 복수로 치닫는 순간이다. 자신이 취하지 못하면, 결국엔 사랑하는 사람을 다른 사람에게 빼앗기고 만다는 생각에 이르게 된다. 상상만 해도 도저히 용납될 수 없는 절박한 상황에서 자신이 어떠한 선택할 수 있겠는가. 사랑하는 사람을 어떠한 방식으로라도 자신의 틀 안에 가두어 두기 위해서 어쩔 수 없는 방법을 선택한 것이다. 차라리 그녀를 죽음 속에 묻어둠으로써, 아무도 그녀를 넘보지 못하게 하겠다는 생각에 이른 것이다.

이 같은 극단적인 심리를 엿볼 수 있다.

그냥 지나치기엔 너무도 아쉬워 예쁜 꽃을 꺾어 가는 것처럼, 자신의 마음을 사로잡는 대상을 차라리 만나지 않았거나 몰랐더라면, 그러한 비극은 일어나지 않았을 것이다. 그러나 아무리 좋은 취지의 만남이라고 할지라도 그 만남이 원만한 통합을 이루지 못하였을 때, 열정을 바쳐 기대했던 만큼 공연한 배신감에 휩싸여 앙갚음격인 반감이 일어날 수도 있다는 뜻이다.

인간의 양극적 심리는 순간적으로도 작용한다. 특정인을 처음 대하였을 때 첫인상만 보고도 '좋은 사람 같다.' 라든가 '나쁜 사람 같다.' 라는 식으로 직감적인 판단을 하고, 새로운 일에 돌입하면서도 '느낌이 좋다.' 라든가 '예감이 안 좋다.' 라는 식으로 기우의 조짐이 뇌리를 스치는 것이다. 직감으로 판단한 첫 예감이 들어맞는 적중률은 그렇지 않는 경우보다 높다. 직감적으로 느꼈던 선입견이 심리적으로 고착화되어 작용하기 때문이다. 자신이 이해 관계적으로 상대를 만나 어떠한 일을 도모하였을 때, 상대 역시도 상대의 심리적 가치기준에 따라 끊임없이 자신을 탐색하며 평가를 내리고 있다는 사실을 분명히 알아야 한다. 그러므로 인간관계에 있어서 가장 이상적인 유대관계를 유지하려면 이해의 득실을 따지기 전에 우선 심리적 공감대를 형성하고 신뢰를 나누는 것이 바람직하다. 즉, 유대관계란 서로가 서로에게 마음과 마음을 열어 서로의 마음을 솔직히 주고받는다는 뜻이다. 그럼에도 불구하고 편견에 치우친 나머지 상대의 진지함에 가식적으로 대한다든지, 마음을 열지 않는다면 결국 소중한 사람을 잃는 격이며, '상대를 알고 보니 별거 아니다.' 라는 식으로 깔보면, 낌새를 알아차린 상대는 자신에게 본때를 보여주려고 할 것이다. 아무리 하찮게 보이는 사람이라고 할지라도 결코 적을 만들어서는 안 된다. 또한, '너는 너고, 나는 나다.' 라는 이기적인 방식으로 상대를 배타적으로 대하는 것 역시도, 혼자서는 살아갈 수 없는 이 세상에서 스스로가 고립을 자초하는 격에 불과하다.

인간의 심성에는 이성과 감성이 있다. 이성이라 함은 신중하고도 치밀한 사리적 판단에 의하여 답을 구하는 방식이며, 감성이라 함은 생각을 거치지 않은 상태에서 직감적으로 조건에 반사하는 단순반응이다.

옳고 그름에 대한 고뇌를 요구하는 이성은, 목적에 대한 타당성이나 당위성을 따지며, 합리적이고, 이치적이다. 이성은 남을 이해하기도 하고 참을성도 있다. 이처럼 이성은 마음 깊은 곳에서 번민하고 구상하며 합의점을 찾는다.

돌은 물속으로 가라앉는다. 그러나 잔잔한 수면 위로 작은 돌을 비켜 던지면, 돌이 물의 표면장력에 의하여 튕겨나가는 것을 볼 수가 있다. 바로 이것이 빗나간 인간의 감성과도 같다. 예상치 못한 외부의 충격을 느꼈을 때, 방어적 본능에 의하여 인간의 감성은 과민한 반응을 보이는 것이다. 걷잡을 수 없는 흥분과 분노를 일으키며 자기성화에 못 이겨 이성을 말살시킨다. 옳고 그름을 따지기 전에, 자신이 무시당하고 자존심이 상해 도저히 참을 수가 없다고 난리를 치는 경우이다. 흥분과 분노는 즉흥적이고 극단적인 방법으로 문제를 해결하려고 들기 때문에, 문제는 더욱더 커져 싸움으로 번지기 십상이다. 따라서 감정을 감정으로 치받는다는 것은 상대방의 감성만을 부추기고 자극하는 꼴이 되어 낭패를 보기 쉽다. 이때는 한발 물러서야 한다. 그렇다고 무작정 자리를 뜨면 안 된다. 앙금만을 남기고 자리를 뜬다면, 분을 삭이지 못한 상대방에게 후한을 남기는 꼴이 되고 만다. 상대방이 들뜬 마음을 가라앉히고 차분하고도 충분히 생각할 수 있는 시간을 줌으로써 이성을 되찾도록 해야 하는 것이다. 상대방이 자신에게 불쾌감을 느껴 흥분하게 한 점이 분명히 있을 것이다. 그 점을 먼저 사과하라. 그것이 용기이다. 그리고 상대방이 되묻고 따지는 이야기를 끝까지 들어줘라. 그리고 자신의 진심을 말하라. 모든 일이나 대인관계에 있어서 매듭은 아름답고 깨끗하게 풀어야 후한이 없고, 깨끗한 끝맺음은 깨끗한 시작을 보장한다는 것을 명심해야 한다.

상대와 견해가 다르다는 것은 서로의 입장이 다르기 때문이며, 상대를 이해할 수 없다는 것은 서로의 생각이 다르기 때문이다. 나뭇가지가 산만하게 흔들린다고 나무를 탓할 수는 없다. 바람이 불었기 때문이다. 사람의 마음 또한 이와 별 차이는 없다. 상대가 이상하게 느껴진다는 것은, 상대의 심리가 외부의 영향을 받아 심리적 변화가 일어나고 있는 상황일 뿐이다. 몰랐던 사실에 대한 충격이나 쇼크, 상대적 빈곤감이나 외로움, 치미는 분노나 배신감, 뼈저린 경험에 의한 경계심이나 미래에 대한 두려움 등이 현재의 자신을 불안하게 만들며, 심리를 모질게도 흔들어 놓는 바람에 속한다. 마음의 상처는 망각하기 전에 치유되지 않으며, 잊지 못하는 한 오래 간다. 아픈 기억의 황막함 속에 외로이 버려진 듯한 소외감이 삶의 피해의식으로 남아, 그것을 잊지 못하는 심리를 사로잡고 있기 때문이다.

인간이 여행을 좋아하는 이유는 새로운 것을 보고 싶어 하는 기대심리와 함께, 찌든 일상에서 벗어나고 싶은 욕망과 충동 때문이다. 하지만 환상적일 것만 같았던 여행의 끝은, 따분하게 느껴졌던 집을 가장 그립게 하고, 지겹게만 느껴졌던 일상을 새로운 느낌으로 재조명시킨다. 이는, 인간의 심리가 새로운 것을 추구하면서도, 결국은 마음을 안도할 수 있는 예전의 상태로 되돌아가려는 회귀성을 지니고 있다는 것을 의미한다. 새로 사귄 멋진 친구보다 촌티 나는 옛 친구가 더 정겹고,

번듯한 도외지보다 보잘 곳 없는 시골의 고향에 향수를 느끼며, 풍요로운 현재보다 지난날 가난했던 시절의 많은 추억들을 그리워한다. 뿐만 아니라, 인간이 가장 고독감을 느끼며 외로울 때, 막연히 하늘을 쳐다보며 그 무엇인가를 그리워한다. 이 또한, 마음을 지치게 하는 삶의 여행에서 마음이 마음의 고향을 그리워함인지도 모를 일이다.

인간은 어떠한 방식으로라도 자신의 존재적 가치를 드높이 드러내고 증명해내려는 심리적 속성을 지니고 있다. 돈과 권력 그리고 명예 따위를 중시여기며 기를 쓰고 성공을 하려는 것도, 남과 차별화된 자신의 존재적 가치를 상징적으로 부각시키고 각인시킴으로써, 자신의 우월성을 과시하려는 심리적 발로이다. 인간은 그토록 삶에 대한 애착과 미련이 집요하기 때문에, 세상으로부터 자신의 존재가치가 묵살당하는 것을 참을 수 없는 수치로 여기며 침울해 한다. 따라서 출세의 목적이란, 대중 위에 군림하기 위한 수단이기에 앞서, 세상으로부터 자신이 소외당하지 않으려는 의도가 다분하다. 자신이 그 누군가에게 꼭 필요한 존재이기를 바라듯이, 그 누군가가 기쁜 마음으로 자신을 찾아주기를 바라고, 그 누군가가 자신을 애타게 그리워하며 기억해주기를 바란다. 그것이 바로 자신이 존재하는 의미이며, 그것이 바로 자신의 진정한 삶의 가치라고 믿는 것이다.

그러한 인간의 심리 속에는 현실적인 욕망만이 자리 잡고 있는 것이 아니라, 이상적인 이념이나 사상 그리고 신념 등이 정신적 가치관으로 자리 잡고 있다. 비록 자신의 희생이 따를지라도, 상대가 자신에게 의지하고 있는 신뢰나 믿음의 가치성만큼은 명예롭게 지켜주려는 의리이다. 자신의 양심과 신의를 지키기 위한 살신성인적인 희생정신이 살아

있고, 실익을 따지기 전에 자신의 도리나 입장을 더욱더 중시여기는 것이 바로 그것이다. 삶에 있어서 목숨보다 소중한 것은 없지만, 생명을 초월하여 뜻을 굽히지 않는 불굴의 정신이 살아있기에 인간의 신념은 대단하다고 할 수 있다.

강한 자극으로부터 강한 충동을 느낀 인간의 심리는 그 자극에 집요하게 집착하게 되고, 이를 해소하고자 하는 욕구에 못 이겨 자신의 통제력을 잃는 경우가 발생한다. 이런 경우 유혹에 빠진 감성에 의하여 이성이 무시당하고 만다. 목적을 달성하기 위해서는 수단방법을 가리지 않겠다는 유혹에 빠져 음모를 꾸미기도 한다. 가상의 현실적 상황을 설정하고 목적을 달성하기 위하여 갖은 수단과 방법을 동원하여 한없이 공략하고 유인하며 침탈을 꾀하는 것이다. 즉, 현실 불가능한 일을 현실화시키기 위하여 남을 침해하거나 강탈하는 방법으로라도 자신의 욕망을 채우겠다는 발상과도 같다. 인간의 탐욕은 집요하리만큼 강하다. 열망에 사로잡힌 파괴본능이 꿈틀거리기도 한다. 그러나 자신의 욕구를 충족하기 위하여 내가 타인을 침탈해도 된다면, 타인이 나를 침탈해도 된다는 형식이 성립된다. 따라서 남의 권위를 존중하고 지켜주는 것은 자신을 지키는 것과 같은 사회의 도덕적 규범임을 알아야 한다. 이성적인 사고방식에서 벗어나 수단방법을 가리지 않는 부정한 방식을 택한다면 오히려 자괴감을 느끼게 될 것이다. 비록 자신이 바라던 목적은 달성했다고 하더라도 그 방법이 정당치 않을 때에는 비굴하고 추잡스럽게까지 느껴지는 비열한 자신을 스스로 책망하게 되고, 그에 따른 여죄를 끊임없이 추궁하는 것이 인간의 심성이기 때문이다. 또한 부정한 방법으로 탈취한 목적달성은 일시적인 심리적 해소에 불과할 뿐, 별

다른 의미도 없다. 이러한 원칙을 철칙으로 규정하고 통제하려들며, 정도에서 벗어남을 추궁하는 것이 바로 인간의 심성이 지닌 인간의 양심이다.

인간의 양심은 뚜렷한 심리적 가치관을 지니고 있다. 하늘을 닮아 투명하고 깨끗하여 거리낌이 없는 마음. 즉, 양심이 지니고 있는 심리적 가치관은 욕망에 못 이겨 치밀어 오르는 마음의 부정한 음모를 통제하며, 상대를 파괴해서라도 야욕을 채우려는 심리적 충동을 억누른다. 따라서 당면한 상황에서 처해진 심리적 상황을 극복하려면, 보다 냉철한 이성적 판단과 자제가 필요하다.

인간은 한시적 존재이다. 삶에 끝, 즉 죽음을 앞두고 있기에 현재의 삶이 더욱더 소중하다고 느끼는 것이며, 일시적인 삶에 있어서 자신이 추구하는 요구가 더욱더 절박한 것이다. 심리적 욕구불만은 항상 부족하게만 느껴지는 현실을 타박하고 자신의 뜻대로 되지 않음을 비관한다. 자신의 욕망을 억누르고 있는 현실에 대한 굴욕감이, 이를 벗어나고자 탈출을 꿈꾼다. 삶이 용납하지 않는 이상적인 세계에 대한 동경과 갈망. 결코 도달할 수 없는 외로운 꿈과 이상까지도 인간의 심리는 마음의 세계에 그려내는 것이다. 이는 인간의 심리가 현실적인 삶이 주는 한계성을 벗어나, 보다 자유로운 정신적 삶을 꿈꾸고 있다는 것을 의미한다.

불꽃이 어둠을 밝히며 바람을 타고 춤을 추듯이, 인간의 심리 또한 자신을 향한 뜨거운 열정으로 자신을 밝히며 환희의 춤을 추고 싶어 한다. 욕망과 감정이 솟구치는 허기진 삶 속에서 갈등을 느끼며, 좀처럼 풀리지 않는 매듭의 끝자락을 부여잡은 채, 이룰 수 없는 꿈에 외로울 수밖에 없는 인간의 심리는 쓸쓸하다. 하지만 현재의 그 애석함도 참고 견디다 보면, 그 얼마나 부질없음이었는지를 세월이 일깨워 기억의 저편 망각 속으로 밀어내줄 것이다. 그렇듯 인간의 심리적 작용은 한없이 생성되고 한없이 소멸된다. 인간이 살아가면서 봉착하는 모든 상황이나 문제를 모두 담아 둘 수는 없다. 때로는 그냥 흘려보내고 때로는 참아내야 한다. 이를 극복하게 하는 것이 바로 인간의 정신이다. 그러기 위해서는 마음을 비울 줄 아는 도량을 겸비하고 세상을 보다 넓게 보는 아량이 필요하다. 인간이 간사한 마음을 다스리기 위하여 수양을 하고 덕을 쌓는 이유도 여기에 있다.

일에 대한 개념과 고용의 문제

일에 대한 개념과 고용의 문제

개미들은 자신보다도 큰 돌멩이를 물고 좁은 개미굴에서 줄지어 빠져나왔다. 이러한 일이 쉴 새 없이 반복되면서 안일을 보장받을 수 있는 그들만의 안식처를 구축한다. 그리고 먹이를 구하기 위하여 줄을 지어 원정을 떠난다. 자신보다 몇 배나 큰 벌레를 떼 지어 공격한다. 목숨을 건, 생명 대 생명의 사투이다. 살기 위하여 반항하며 몸부림치는 벌레와의 필사적인 공방전이 시작된 것이다. 벌레가 살기 위해 반항하면 할수록 새까맣게 몰려든 개미 떼들의 집단공격은 더욱더 거세진다. 끈질기다. 포기하질 않는다. 파르르 온몸을 떨며 벌레가 죽어간다. 벌레의 숨통을 끊은 개미들의 승리이다. 치열한 생존경쟁 속에 생명을 보장받기 위하여 드디어 먹이를 쟁취한 것이다. 개미들은 자신보다 커다란 죽은 벌레를 물고 끌어당기며, 멀리 떨어진 자신의 개미굴로 돌아간다.

생명을 부지하고 살아가기 위해서는 냉엄한 자연의 법칙을 따라야 한다. 먹기 위해서는 먹이사슬에 의한 치열한 생존경쟁을 치러야 하며, 견뎌내기 어려운 추위와 노출의 위험으로부터 자신을 안정적으로 보존하기 위해서는 땀과 노력을 바쳐 안식처를 지어야 한다. 삶에 있어서 거저 주어지는 것이란 아무 것도 없다. 스스로 해야 한다. 그러지 않으면 살아남을 수가 없듯이, 생존의 원칙을 벗어나서는 결코 존재할 수 없는 것이 생명의 한계이다. 따라서 그 한계를 극복하고 그 이상의 자기실현을 위하여, 보다 높은 가치를 구하고자 행하는 것이 일이라는 개념이다.

인간은 일을 통하여 가치를 창출하고 창출된 가치를 지불함으로써 자신이 원하는 것을 소유하게 된다. 일은 생명의 보존 수단이며, 미래를 열어 가는 열쇠인 동시에, 꿈을 키워 가는 원동력이다. 일은 우리에게 노력과 노동과 땀을 요구한다. 성과를 바라기 전에 희생을 요구하는 것이 일이 지니고 있는 특성이라서, 결국 대가를 치르지 않고서는 아무것도 바랄 수가 없다는 세상의 이치를 담고 있다. 따라서 일이란 아주 냉엄하게 나타나는 현실적 반응이다. 잔꾀나 요령을 용납하지 않으며, 실질적으로 노력하고 땀을 흘린 만큼만 대가가 주어지는 철칙을 지니고 있다. 아무리 이상이 높고 간절한 의욕을 지니고 있다고 하더라도, 일에 대한 기준은 실질적인 가치를 창출해 내지 못 하는 무능함에 대해서는 철저히 외면해버린다는 것이다.

일이란 정신적인 세계에는 관여하지 않으나, 생명을 보존하고 살아가는 현실 세계를 완전히 장악하고 이끌어 가는 막강한 통치력을 지니고 있다. 일은 일을 하지 않는 자를 결코 용납하질 않는다. 현실에서 철두철미하게 따돌리는 것이다. 놀고먹는 것이 편한 것 같으나, 일하지 아니하고 놀고먹는 자의 따분함이 그 얼마나 지루하고도 막막한 것인지를 뼈저리게 한다. 가혹하고도 비참할 정도로 가난하게 만들어 궁색함의 고통을 안겨준다. 꿈과 희망을 송두리째 빼앗아감으로서 미래를 차단한다. 가망성이라고는 찾아볼 수가 없다. 비통함에 빠뜨리는 철저한 고립이다. 도무지 살 수가 없게 만드는 처사이다.

'일하지 않는 자는 먹지도 말라' 는 말이 있다. 이 비정한 말의 뜻은 결코 놀고먹는 자를 비난하는 것만이 아니다. 인간이 인생을 살아간다는 것은 현재를 극복해 나감으로써 미지의 세계와도 같은 미래를 준비하고 완성시켜 나가려는 열망 때문이다. 일을 통하지 아니하고는 그곳에 도달할 수가 없다. 따라서 일을 하지 않는다는 것은 미래에 대한 개념조차도 없다는 것으로 해석된다. 미래가 없는 현재는 가치가 없다. 가치가 없는 존재는 현실이 요구하지 않음으로 현재에 머무를 가치가 없으며, '현재가 없는 자는 미래도 없다' 는 의미이기도 하다.

일이란 단순한 생계의 수단을 넘어서 미래를 대비한 준비이자, 비축이며, 약속이다. 모든 사람들이 자신의 미래를 보장받기 위하여 일을 해야 하는 이유가 여기에 있다. 미래를 대비한 창조적 개념으로 학생은 공부를 열심히 하고, 주부는 알뜰한 가계를 꾸리며 가정의 번영을 설계하며, 가장은 가정을 위하여 사회에 기여를 하는 일의 대가로 이익을 창출해 내는 것이다. 이러한 역할분담 형태의 일들이 하나의 조화를 이루어 냄으로써 하나의 가정을 이루고, 더 나가서는 사회가 형성되며, 국가경제가 형성된다. 이는 일에 대한 가치가 독자적인 목적에만 존재하는 것이 아니라, 사회적 공공성을 지니고 있다는 의미이다. 즉, 역할분담적인 사회에서 노력과 노동을 주고받으며 공생공존을 형성해 나가고 있다는 뜻이다. 인간의 공생관계는 마치, 자연의 먹이사슬을 이상적으로 변형시켜 옮겨놓은 듯한 인상을 주지만, 자연의 이치를 크게 벗어나지는 않는다. 서로의 땀과 노력의 결정체를 서로 먹고 먹히는 원리에 따라 형성된 것이 바로 인간의 경제이기 때문이다.

인간은 의미적인 가치관을 지니고 있는 존재이다. 비록 같은 일을 할지라도 '어떠한 방식으로 어떻게 하느냐' 에 따라서 일에 대한 효율성과 가치성은 다르게 나타난다. 일에 대한 가치기준은 사회적으로 요구되는 필요의 정도에 따라 수요와 공급의 원칙에 따라서 결정되며, 남이 모방할 수 없는 희소성이나 만족적 가치성으로 거래가 형성되는 것이다. 따라서 '일을 많이 한다.' 는 것이 중요한 것이 아니라 '얼마나 가치 있는 일을 얼마나 효과적으로 하였는가.' 가 중요하다. 이러한 경제의 원리는 일단 남에게 꼭 필요한 일을 해주고, 그 대가를 남으로부터 되돌려 받는 이치이다. 자신이 베푸는 일에 대한 노력이나 노동이 상대에게 얼마만큼의 이익을 창출해주느냐에 따라서 그 가치가 형성되는 것이다.

직업적으로 구분되는 노동력의 가치도 절대적인 것이 아니라, 전문성이나 기술력에 따라서 그 가치를 달리 한다. 또한, 인간의 직업관은 시대적 요구에 따라, 새롭게 생성되고 변천하며 소멸된다. 예전에는 흔히 볼 수 있었던 대장간이나 마차꾼이 사라졌다면, 그때로서는 상상도 못 했던 컴퓨터 프로그래머라든가, 새롭게 생성되는 최첨단 신종산업들이 직업의 변천사를 대변하고 있다. 시대적 요구에 따라 인간의 직업관이 그 가치성을 달리하기 때문에 지속적으로 살아남기 위해서는 시대에 적응해 나가야 한다는 의미이다.

현대사회에 있어서 구시대적인 직업의식으로서는 통하지 않는다. 단순 노동만을 요구하던 시대는 사라졌다는 뜻이다. 따라서 시대적 새로운 변화를 받아들이고 자신을 업그레이드하여 고도로 전문화되지 않으면 도태될 수밖에 없다는 점을 인식해야 한다. 현대는 정보화시대이다. 최고의 기술만이 이 시대를 이끌어 나갈 수 있으며, 최고의 이익을 창출해 낼 수가 있다. 이를 다시 바꾸어 말한다면, 눈 가리고 아웅 하는 식의 어설픈 기교는 더 이상 통하지 않는다는 뜻이다. 따라서 자신을 끊임없이 개발하고 노력하지 않는 한, 자신의 사회적 입지는 그 언젠가는 한계에 다다르고 만다는 점을 명심해야 한다.

과거가 생산 중심의 시대였다면 현대는 소비의 개성시대이다. 이를 다시 말한다면, 독단적 기술에 의한 단순 조립형태의 노동을 요구했던 과거의 생산형태에서는 소비자가 그 생산적 필요에 전적으로 의존할 수밖에 없었다. 그러나 기술경쟁 시대인 현대에 와서는 최첨단 기술 집약적인 형태로 생산구조가 바뀌면서 비록 동일한 기능의 상품이라고 할지라도, 소비자의 개성이나 취향에 따라 다기능 다양화를 이루어 내지 못 한다면 소비자로부터 외면당하고 만다는 소리이다.

기업의 입장 또한, 소비자의 성향에 따라 시대적 패턴을 선도해 나가지 않으면 도태될 수밖에 없다는 난제를 안고 있다. 이는 아무리 고도화된 최첨단 기술 집약적 상품일지라도, 소비성향의 심리적 변화에 따라 빨리 싫증을 느낌으로써 상품가치로서의 수명이 급속히 단축되어 가고 있다는 사실이다. 그렇다고 기업이 변화를 거부한다면, 두 말할 나위도 없이 다른 경쟁사에게 먹히고 말 것이다. 현대사회에 있어서 기업이 생존해 나가기 위해서는 소비자의 욕구를 선도하며, 변신에 변신을 거듭하지 않으면 기업 역시도 살아남기가 힘들다는 결론에 이르게 된다.

생산중심의 시대에서 소비 개성시대로 넘어오면서 직장에 대한 개념도 많이 바뀌었다. 직장이 종업원을 비호하고 언제까지나 책임져주던 시대는 끝이 났다. 평생직장의 개념에서 필요가치에 따른 능력수급의 시대로 바뀐 것이다. 회사가 살아남기 위하여 시대를 선도해 갈 수 있는 첨단적 능력을 지닌 고도의 전문가를 찾아다니는 시대가 됐다. 즉, 시대적 요구에 따라 숙련자의 시대는 가고 능력자의 시대가 도래 한 것이다. 이러한 경제의 구조적 변화에 따라서 직장에서의 장기적인 생존율이나 평균적 근무연수가 점점 짧아지는 추세이므로 현대의 직장인들은 극도의 불안감을 느끼고 있는 실정이다.

뿐만 아니라, 산업의 장르적 숨결도 빨라졌다. 최근의 산업이 생산중심에서 최첨단산업으로 바뀌었다면, 현재의 산업은 최첨단산업에서 미래 산업으로 발돋움 하고 있는 추세이다. 즉, 인간의 문명이 현실적인 만족을 넘어, 보다 미래 지향적인 꿈의 실현으로 초점이 맞추어지고 있다는 뜻이다. 한없이 진보하고 있는 최첨단 통신 산업이라든가, 인터넷산업이 인간의 고정개념을 깨고 있으며, 대표적인 예로는 경이로운 생명에 도전하고 있는 생명공학의 바이오산업 등이다. 인간이 최대한의 만족과 행복감을 느끼고, 그 무엇으로도 대치할 수 없는 인간의 생명을 조금 더 연장시키고 건강하게 살 수만 있다면, 하는 인간의 욕망을 담고 있는 '꿈의 산업' 으로의 전환을 의미한다.

문명의 이기라고나 할까. 문명이 발전하면 할수록, 살아남기 위한 경쟁은 더욱더 치열하다. 정서적인 측면 보다 냉정함이 요구되고, 인간적인 측면보다 치밀함을 필요로 하는 시대이다. 인간의 정서가 메마르고 타산적으로 흐르는 경향이 뚜렷하게 나타난다. 각박한 현실에 정신없이 쫓기다보니 그만큼 마음에 여유가 없어졌다는 이유이기도 하겠지만, 그 무엇보다도 고용이 안정되지 않음으로써 일어나는 현상들이다.

문명의 발달과 함께 생활의 질이 높아짐으로써 상대적으로 높아질 수밖에 없는 인건비가 생산단가에 차지하는 비중이 커졌기 때문이다. 가격경쟁을 치를 수밖에 없는 기업의 입장으로서는 최소한의 이익이라도 유지하기 위해서는 원가절감에 돌입할 수밖에 없는 입장이다. 그 중에서도 가장 높은 비중을 차지하고 있는 인건비를 절감시키는 것만이 생산원가를 확실히 줄일 수 있는 유일한 대안으로 떠오르면서 고용인을 불안케 한다. 기업들은 인건비와의 전쟁을 선포했다. 모든 생산과정의 공정들이 사람의 손에서 자동화시스템으로 대체되고, 그나마 자동화로 대체될 수 없는 원초산업들은 비교적 인건비가 싼 후진국으로 아예 생산기지 자체를 옮겨갔거나 옮겨가는 실정이다. 그만큼 일할 수 있는 자리가 사라졌거나 사라지고 있다는 사실이다.

이는 생산 산업 부분에만 국한된 일이 아니다. 금융산업이나 서비스 산업에 있어서도 마찬가지이다. 경영합리화라는 명분 아래, 아예 합병을 하거나 공동 전산화된 자동시스템 방식에 의하여 정보를 공유하며, '최소 인원의 최대 효과' 를 끊임없이 진행하고 있는 추세이다. 이러한 현상으로 인하여 한해에도 수많은 사람들이 직장을 잃고 실업상태에 빠지거나, 사는 것이 죄인 듯이 새 직장을 찾아다닌다.

또한, 단순관리에 있어서는 과거의 회사 기여도나 연륜만을 앞세운 고액 연봉자를 배격함으로써, 한사람의 임금으로 두 세 사람을 활용한다는 개념으로 경영의 실리를 추구하고 있다. 어디 그 뿐인가. 선별하여 뽑은 신입사원을 정식으로 채용하기 전에, 일단 써보고 회사의 만족도에 따라 최종 결론을 내리겠다는 신입사원 인턴 제도를 활용하고 있으며, 아예 고용의 부담으로부터 탈피하고자 계약직이나 임시직과 같은 비정규 고용형태를 취하고 있는 상황이다.

그러나 한편에서는 극심한 인력부족 현상이 나타난다. 비교적 임금이 싸고 근무환경 조건이 썩 좋지 않은 굴뚝산업이라든가, 중노동을 요구하는 빈약한 영세산업 부분이다. 생활수준이나 정신적 의식이 높아짐으로써 사회적 열등감을 느끼며 기피하는 현상 때문이다.

이러한 까닭에 인력의 수급 불균형에 의한 고용문제는 커다란 사회문제로 비화되고 있다. 좋고 편한 일만하고 힘든 일은 하지 않으려는 성향이 사회전반에 팽배하여 있기 때문이다. 그러나 사회는 모든 것을 필요로 한다. 때로는 치명적인 독도 약이 되는 이치이다. 요람에서 무덤까지 인간이 살아가는 동안 불필요한 것이란 하나도 없다. 모든 것이 어우러져 돌아가는 사회가 그 어느 것에 편견을 갖는다면, 결국엔 병든 사회가 되고 만다. 그러므로 직업에는 귀천이 없다는 것이며, 일에 대한 개념 또한 '무엇을 하느냐' 가 중요한 것이 아니라 '어떻게 하느냐' 에 대한 인식으로 전환되어야 한다.

고용문제에 있어서 더욱더 심각한 사회문제는 고학력성향으로 사회에 배출되는 젊은이들의 취업문제이다. 그들은 고급적 자질을 지니고 있지만 결코 전문화되지 않음으로서, 회사의 입장으로서는 당장의 채산성이 맞지 않는다는 이유이다. 다시 말해서, 기업의 입장으로서는 기업의 전략적 생존을 위하여 기존에 있는 숙련된 직원도 내쫓는 판국에 신출내기를 데려다가 어떻게 하겠냐는 반론이다. 우리의 많은 젊은이들은 갈 곳 없이 방황한다. 사회에 눈을 뜨는 순간, 꿈을 펴기도 전에 너무도 참담한 현실에 실망하고 좌절하며 비참에 빠지고 마는 것이다.

그들은 졸지에 버려진 혼자이기 전에 한가정의 일원이요, 사회의 일원이요, 국가의 일원이자, 미래의 희망이다. 우리의 뜻이 모여 형성된 '국가' 라는 이름으로, 우리 모두의 미래를 요구하듯 그들은 길러졌고, 교육을 받아왔다. 그들은 국가가 요구하는 교육의 의무와 병역의 의무를 다 했으며, 이제 납세의 의무를 이행하려 한다. 그러나 단지 그들이 앉을 자리가 없다는 이유만으로 그들을 내칠 수는 없는 것이다. '국가' 라는 우리가 조금씩 밀착하여 좁혀 앉으면서 그들에게도 앉을 자리를 내주어야 하는 것이 기성세대의 마땅한 도리가 아니겠는가. 그들이 국가가 요구하는 의무를 이행했듯이, 국가는 그들을 책임질 의무가 있는 것이다.

국가는 이러한 문제점을 원만히 해결해 나가기 위해서는 우선적으로 직업의 공정성을 전개해 나가야 한다. 기성세대의 유물로만 남아있는 '은폐산업' 인 굴뚝산업이나 영세산업도 그대로 방치할 것이 아니라, 부가가치를 높일 수 있는 방향을 모색해야 한다. 가치가 없어 보인다는 이유만으로 그 일을 사장시키거나 후진국에 내주다보면, 결국 우리가 해야 할 일이 하나 둘 사라지고 말 것이다. 그로 인하여 후진국에 내준 것을, 다시 비싼 대가를 치르고 사다 써야하지 않겠는가. 사라짐을 방치하는 것은 포기를 의미한다. 포기에는 희망이 없다. 희망이 없다는 것은 절망뿐이다.

국민을 위하여 존재하는 국가는 국민을 보호하는 국민의 부모와도 같다. 부모는 병든 자식이라도 끝까지 포기하질 않는다. 그 자식에게는 자신의 꿈과 희망과 미래가 담겨있기 때문이다. 그렇다면 국가는 새로운 시각으로 은폐산업 속에 잠재되어 있는 가능성을 국가의 차원에서 재발견해내려는 노력과 의지를 보여야 한다. 젊은 세대들의 새로운 시각과 현대감각을 도입시킨다면 그 개발적인 가치가 새롭게 창출될 수도 있다. 즉, 공대에서 기초공학이나 정밀공학을 전공한 젊은이가, 체면상 넥타이나 매고 전공과는 전혀 다른 엉뚱한 분야에서 펜대나 굴리기보다는, 현장에서 자신이 전공한 능력을 마음껏 발휘하며 새로운 개발의 야망과 꿈을 실현할 수 있도록 사회적 분위기를 조성해주어야 한다.

또한, 국가는 그들을 기업에게만 떠넘길 것이 아니라, 기업이 그들을 부담 없이 떠안을 수 있도록 분위기를 조성해 주는 것이 좋을 것이다. 그들이 회사에 적응하여 이익을 창출해 낼 수 있는 일정기간을 사회정착금으로 책정하여 지원해주고, 국가가 받아들일 기업의 세금에서 탕감시켜 주는 방안 등이다. 즉, 취업희망인과 유망기업을 동시에 지원하고 만족시킴으로써, 국가로서는 당면한 사회문제를 해결하고 추후에 더 많은 세수를 창출하고자 하는 바람직한 투자가 아닐까 생각한다.

우리는 각자이면서도 결국은 하나이다. 각기 하는 일은 달라도 그 일을 통하여 서로가 서로를 보완하고 의지하며 살아가기 때문이다. 그러므로 자신이 하는 일이 자신을 위하여 하는 것만 같지만, 결국은 우리 모두를 위해서 하는 일이기도 하다. 이처럼 공존적인 가치를 지니고 미래를 열어 가는 우리는 결코 하나일 수밖에 없다. 모두가 일을 통하여 합쳐야 된다. 그러면 혼자 하는 것보다, 삶의 무게가 훨씬 가볍게 느껴질 것이다.

열심히 일하며 땀 흘리는 인간의 모습은 믿음직스러우며 아름답다. 그 땀 속에는 진실과 희망과 이상이 담겨있기 때문이다. 그렇게 일할 수 있다는 자체를 언제나 감사해야 한다. 일이 고되며 힘들다고 포기한다면 희망이 자신을 외면하고 말 것이다. 이 세상을 살아가면서 정작 힘이 드는 것은 자신이 아무것도 할 일이 없다는 것을 느꼈을 때이다. 삶의 가치는 일에 있다는 뜻이며, 일은 삶의 목적과 동기를 부여하는 활력소인 동시에 희망이 되며, 기필코 '해냈다'는 성취감과 함께 뿌듯한 보람을 느끼게 한다. 뜨거운 열정으로 집념을 불태우며 노력하고 땀 흘리는 모습의 일이란, 삶에 있어서 꽃을 피우기 위한 아름다운 행위인 것이다.

갈등과 결단

갈등과 결단

'기로' 라는 사람이 길을 걷고 있었다. 버드나무 그늘 아래 기대어 쉬고 있던 도인이 기로를 물끄러미 지켜보다가 무심코 던지는 말.

"쯧쯧… 그대가 뭔 죄란 말인가? 내 이 말을 해야 하느뇨, 말아야 하느뇨."

기로는 도인의 말을 무시하고 그냥 지나치려했으나, 도대체 그 말이 무슨 뜻인지 궁금하여 참을 수가 없어, 가던 길을 되돌아와 도인에게 물었다.

"지금 내게 하신 말씀이신지요?"

"지금 여기에 자네 말고 또 누가 있단 말인가?"

"그럼 그 말씀이 무슨 뜻인지요?"

"차라리 그냥 지나쳤으면 좋았으련만…."

도인 또한 한참을 망설이다가 보채니 어쩔 수 없다는 듯이 말을 꺼냈다,

"기이한 운명을 그 누가 막을 소냐. 멀지 않아 자네의 모자(母子)가 사지(死地)에 몰릴 걸세. 그런데 자네가 구할 수 있는 생명은 그 누가

되었던 간에 하나 밖에 없으니, 이 일을 어쩌면 좋단 말인가. 자네조차도 위험에 빠질 수 있으니 후회 없는 선택을 하라는 뜻에서 말한 거뿐이니…."

기로에게는 청천벽력 같은 소리였다. 그가 맥을 놓고 있는 사이에 도인은 사라지고 기로의 갈등만이 남아 있었다.

어머니를 살리자니 자식을 죽여야만하고, 자식을 살리자니 어머니를 죽여야 한다니, 세상에 이보다도 더 가혹한 일이 또 어디에 있단 말인가.

기로는 비통해 하면서도 어머니와 자식 가운데에서 도대체 누구를 선택해야하는지 고민을 거듭하다가 그 답을 구하기 위해 길을 떠났다. 기로가 처음으로 찾아간 곳은 절효사(節孝祠)에서 기거하고 있는 고승이었다. 기로는 자초지종을 말하고 조언을 구하자 고승이 말하기를.

"자식은 또 낳아 기를 수가 있다지만, 자네를 낳아주고 길러주신 어머니를 버린다면 그것은 천륜을 어기는 것이 될 것일세. 어찌 인간의 탈을 쓰고 어미를 버릴 수 있겠는가? 무슨 일이 있더라도 도리는 지켜야 하듯이, 자식이라면 당연히 어머니를 선택해야지."

기로는 고개를 끄덕이며 당연한 것을 공연히 물어보았다는 생각이 들었다. 그러나 그렇다고 해서 자식을 포기할 수도 없다는 생각에, 이번에는 자식의 입장을 대변해 줄 수 있을 것 같은 훈장을 찾아가 자문을 구했다.

"고통스럽겠지만 과거를 고수하기 위해 미래를 버릴 수는 없는 일. 그러니 자식을 선택해야만 하네. 댁의 어머니께서 그토록 고생하며 바래

왔던 것이 무엇이겠는가? 자식인 자네가 무탈하고 더 나가서는 자네의 자식인 자손이 번성하도록 살신성인의 뜻을 펴려는 것이 아니겠는가? 따라서 자식을 선택하는 길이야말로, 어머니의 뜻을 받들면서 자식에게도 아비로서의 도리를 다하는 현명한 선택이 아니겠는가 생각하네."

모두 다 일리가 있는 소리였으나, 기로로서는 그 누구를 포기하고 그 누구를 살려야 할지 도저히 결정할 수가 없었다. 그러고 보니 정작 곤경에 빠진 것은 사지에 몰린다는 어머니나 자식인 당사자가 아니라 자신이라는 생각에 이르렀다. 어머니를 살리자니 자식을 죽이는 꼴이 되고, 자식을 살리자니 자신이 어머니를 죽이는 꼴이 되고 만다는 결론에 이르게 된 것이다. 기로는 몇 날 몇 칠을 풀리지도 않는 갈등과 고민 속에 지내다가, 차마 입에 담을 수도 없는 기막힌 그 예언을 차라리 모자(母子) 스스로의 운명에 맡기고 자신은 그 곤란한 상황에 개입하지 말아야겠다는 생각에 이르렀다. 기로는 부인과 모자(母子)에게 장사를 떠난다는 핑계를 대고 먼 길을 떠나며 그 자리를 모면했다.

달포가 지났을까. 기로가 돌아와 마을에 들어서려는데 그를 본 마을 사람들이 허겁지겁 달려와 발을 동동 굴리며 말했다.

"이 사람아 어찌하여 이제야 오는가? 자네가 없는 사이에 자네 가족이 개울가에 있는 빨래터에 나갔다가 몰살을 당했네."

기로가 집을 떠난 며칠 후의 일이었다. 기로네 가족들은 개울가 빨래터로 빨래를 하러 갔다. 빨래를 하고 있는 사이, 물가에서 놀던 기로의 어린자식이 쌘 물살에 미끄러져 깊은 곳으로 휩쓸려가자, 이를 본 기로의 어머니가 물에 휩쓸려 가는 손자를 잡아끌어내려는 일념으로 대뜸 손자가 떠내려가는 물살을 따라 걸어들어 갔다. 결국 물이 휘몰아 도는 깊은 곳으로 떠내려간 두 사람이 서로 살려달라고 허둥대자, 당황한 기로의 아내마저도 이들을 구하려고 물속에 뛰어 들었다가 모두가 봉변을 당했다는 소리였다.

'기로의 이야기' 는 우리에게 암시하는 점이 많다. 삶을 살다보면 피치 못할 사정에 의하여 그 무엇인가를 선택해야만 할 때가 발생하기 때문이다. 즉, 기로와 같은 갈등의 시점에서, 과연 그 무엇인가를 선택하기 위하여 그 무엇인가를 버려야 한다는 것이 바로 그것이다. 입장이 난감하다든가, 그 무엇 하나 버릴 수 없다고 하여 난감한 선택을 회피하고 자포자기에 빠진다면, 결국엔 자신의 모든 것은 물론 자신의 존재가치까지도 상실하고 만다는 교훈이다.

기로가 도인의 말을 듣고 모자(母子) 두 사람 중에 그 누군가를 선택해 두었다면, 그나마 한사람의 희생을 줄였을 수 있었을 뿐만 아니라, 아내조차도 어이없이 죽게 하지는 않았을 것이다.

하지만 아무런 결단을 내리지 못한 위기의 상태에서, 기로가 장사를 떠나지 않고 그 자리에 있었다고 가정한다면, 사태는 과연 어떻게 되었을까. 안타까운 마음에 물에 빠져 허우적대는 두 모자(母子)를 모두 구하겠다고 허겁지겁 물에 뛰어들었다가, 기진하여 죽어버린 아내의 꼴이 되고 말았을지도 모를 일이다. 따라서 그 참변의 현장에 기로가 있었다고 하더라도 참변을 당한 희생자의 수에는 큰 차이가 없었을 지도 모른다. 참변을 당한 희생자의 수를 키운 것은 불길한 예언을 듣고도 난감함에 갈등만 느꼈을 뿐, 끝내 결단을 내리지 못하고 그 상황을 회피한 탓으로 돌릴 수밖에 없을 것 같다.

자신의 모자(母子) 중에 그 어느 한사람을 살릴 수 있었음에도 불구하고 모두를 잃은 것은 선택을 회피한 포기의 대가에 속하며, 아내를 잃은 것은 책임을 모면하기 위한 도피의 대가라고 할 수밖에 없기 때문이다. 가슴 아픈 일이지만, 기로가 도인의 예언을 냉엄한 현실로 받아들이고 과감한 결단을 내렸다면, 가족의 몰살이라는 극단적인 지경에는 도달하지 않았을 것이라는 아쉬움이 남는다.

자신이 감당하기 어려운 위기를 모면하고자 갈등에 대한 결단을 유보하고 회피함으로써 기로가 잃은 것은, 세 사람의 희생을 한 사람의 희생으로 줄일 수 있었던 '돌이킬 수 없는 기회' 라는 것을 엿볼 수 있다. 위기에는 위험과 기회가 공존한다. 가슴 아픈 일이지만 기로는 두려움에 질린 나머지, 최소한의 기회조차도 포기함으로써 가족의 몰살을 자초했다는 점이다. 위기에 있어서 위협감이 주는 두려움에 빠져 공포만을 의식하다보면, 그 속에 공존하는 최소한의 가치조차도 잡을 수가 없다는 뜻이다. 따라서 위기에 봉착하였을 때 자신의 입장만을 고집할 것이 아니라, 엄연한 현실을 직시하고 냉정함을 찾으려는 침착성이 요구된다. 이를 다시 정리한다면, 기로가 내리지 못한 '결단' 그 자체에는 예상치도 못했던 두 사람의 생명이 달렸었다는 사실이다.

'갈등과 결단' 에 있어서 '갈등' 이라 함은 "그 무엇인가를 위하여 그 무엇인가를 버릴 줄 알아야 한다"는 선택적 고뇌를 뜻하며, '결단' 이라 함은 "자신의 운명을 걸고 선택한 결과에 대하여 자신이 모든 책임을 지겠다"는 굳은 의지를 뜻한다. 그렇듯이 선택을 하기 위한 갈등은 신중하고도 진지함을 요구하고, 결단은 과감하고도 결의에 찬 의지와 용기를 요구한다.

막상 확신이 없는 상태에서 중대한 선택을 강요당했을 때 인간의 심리는 공포와 같은 두려움을 느낀다. 만약 잘못된 선택으로 인하여 돌이킬 수 없는 상황에 빠진다면 그 무엇으로도 대신할 수 없는 자신의 운명이 불행에 빠질 뿐만 아니라, 그에 대한 대가를 톡톡히 치러야 될지도 모른다는 불안한 심리가 작용하기 때문이다. 그 무엇을 선택함에 있어서 불안한 걱정이 앞선다는 것은 선택에 대한 신뢰나 자신감이 결여되어 있다는 증거이기도 하다.

예를 들어 한 남자가 어느 한 여자를 선택하여 결혼을 한다고 가정하자.

그는 많은 증인들을 예식장에 초대하고 결혼식을 올리기까지 많은 갈등을 겪었겠지만, 이는 당사자 간의 사랑의 조건과 신뢰에 대한 검증을 통하여 최종적으로 선택한 결혼의 의지를 약속으로 표방하는 것일 것이다. 주례사의 검증이 시작된다. “신랑신부 두 사람은 서로만을 사랑하고 아끼며, 검은 머리 파뿌리 되도록 평생을 함께할 것을 엄숙히 맹서합니까?” 이에 신랑과 신부 두 사람의 긍정적인 답변에 의하여 결혼은 성립된다. 여기에서 주례사의 질문에 의한 답변의 요지를 의역한다면, 이 남자는 한 여자를 선택하기 위하여 세상에 모든 여자와의 결혼 가능성을 포기하겠다는, 포기선언을 한격이다. 함께 살다가 비록 후회를 할망정, 자신의 일생을 그 여자에게 바치고 말겠다는 결의이기도 하다. 그렇지만 이 남자는 자신이 선택한 여자에 대한 사랑과 신뢰를 그만큼 확신하고 있기에 자신의 선택에 대하여 모든 책임을 끝까지 지겠다고 천명을 하는 것이다.

반면에 대학에 진학하기 위하여 입시원서를 내는 것은 합격이 보장되지 않은 불투명한 선택일 수밖에 없다. 자신의 실력으로 어느 대학에 무슨 학과를 지망을 하는 것이 최선인지, 문제의 난이도는 어느 정도의 수준으로 출제가 될 것인지, 합격은 할 수 있을지, 모든 것이 베일에 싸여있기 때문이다. 마치 자신의 일생을 걸고 승부를 내야하는 도박과도 같다는 느낌이 들것이다. 피할 수 없는 승부에서 단지 위험부담만을 줄이기 위해 최상의 선택을 무조건 포기할 수도 없는 문제이질 않는가. 결코 양보할 수 없는 최고의 승부에는 최고의 위험이 뒤따르기 마련이다. 만약 잘못된 선택으로 인하여 도전에 실패라도 한다면 자신의 소중한 꿈들은 한순간에 무너질 것이며, 손가락질이나 받는 비참한 패배자의 신세가 될 수밖에 없다는 중압감이 갈등을 일으킨다. 그러므로 확신이나 자신감이 없는 상태에서 갈등을 접고 결단을 내리기란 결코 쉬운 일이 아니다.

마음에 드는 옷을 고르는 것과 같이, 자신의 의지에 따라 자유롭게 선택할 수 있는 것이 능동적 선택이라면, 대학 입시와 같이 서로의 뜻이 복합적으로 대치될 때 자신의 주관적인 선택은 객관적인 통과의례를 거쳐 그 관문을 통과해야 하는데, 이를 피동적 선택이라고 한다.

능동적 선택을 가로막고 갈등을 일으키는 장애물은 자신의 내면에 도사리고 있는 가치관의 혼란이다. 똑같은 크기의 떡을 놓고 망설이다가 자신이 먼저 그 하나를 골랐지만, 나중에 집어든 남에 떡이 아무래도 더 커 보이는 것은 인간이 가지고 있는 심리적인 편견 때문이다. 사심이 배여 있는 편견의 잣대는 이기적인 빛의 굴절을 일으키므로 사실을 추상으로 변형시키는 습성이 있다. 그러다보니 판단이 흐려지고 확신을 갖지 못함으로써 스스로에게 되묻고 고민하며 갈등에 빠지는 것이다. 비근한 예를 든다면, 옷을 사려고 할 때 자신의 마음에 드는 옷 몇 가지를 고르고 입어보며 거울에도 비춰보지만, 마음에 쏙 드는 옷을 찾기란 결코 쉬운 일이 아니다. 따라서 최종적으로 구매하게 되는 옷은 독자적인 자신의 의도에서 벗어나, 판매자가 호평하며 권유해 주는 옷이라든가, 동행자의 신뢰적 권유에 의하여 구매가 결정되는 경향이 많다. 이는 어떠한 옷을 선택해야 좋을지에 대하여 인간의 심리가 갈등을 일으키면서 마음이 분열 상태로 돌입하는 현상 때문이다. 그러나 과정이야 어쨌든, 최종적으로 결론을 내리는 자가 자신이라는 점에서 이를 능동적 선택이라고 한다.

이에 반해 피동적 선택이란, 자신의 희망하는 선택은 도전에 불과하며, 최종 선택의 결정권은 거부권을 행사할 수 있는 대상에게 부여된다는 점이다. 따라서 자신이 원하는 것을 점유하기 위해서는 상대가 원하는 가치기준에 따라, 엄격한 검증을 받고 통상적인 통과의례를 반듯이 거쳐야 한다는 단서가 수반된다. 예를 들어, 사랑을 하기 위해서는 상대의 마음을 얻기 위한 노력이 필요하듯이, 자신이 원하는 대학에 들어가기 위해서는 치열한 경쟁에서 반드시 승리하고 말겠다는 패기와 함께 실패를 두려워하지 않는 불굴에 도전정신이 필요하다. 경쟁자를 물리치고 승자가 되기 위해서는 자신을 더욱 강하게 실력으로 무장해야 하며, 승리를 장담할 수 있는 신중한 선택과 굳은 신념만이 희망에 찬

합격을 가능케 한다. 그러나 그러한 모든 요건을 충족시키지 못했을 때 실패로 드러나는 오만함을 질책 받고, 이에 상응하는 대가를 톡톡히 치러야 한다. 따라서 오판을 했다가는 오고가도 못하는 망막한 낙방자의 신세가 되어 막장에 내몰리는 신세가 될 거라는 걱정이 앞서는 것이다.

갈등은 무엇을 선택하고 어떻게 해야 옳은지, 갈피를 못 잡는 두 마음을 마구 흔들어내면서 결단을 저해하는 요소가 된다. 이는 부정과 긍정이 적대적인 상태에서 공존한다는 그 자체가 갈등이듯이, 서로 다른 두 마음이 결코 공존할 수 없음을 뜻한다. 긍정이 현재를 비하하며 미래에 대비한 모험의 가치를 부추긴다면, 부정은 현재의 가치를 보위하고 지키는 파수꾼임을 자처한다. 부정이 머물고 있는 현재의 자리를 긍정에게 내준다는 것은, 장담할 수 없는 미래를 위해 현재의 안정을 포기하는 것이라고 스스로를 설득하는 것이다. 긍정이 도전적 결단을 망설이며 고민을 하고 있는 반면에, 이를 우려하는 부정은 발끈한 나머지 소리를 높이고 시작도 하기 전에 책임부터 추궁하는 괴이한 성깔을 드러낸다. 긍정은 자존심이나 허영심만을 부추길 뿐 실패에 따르는 대책은 없지 않느냐고 반문하며, 최소한의 안일에 들어앉아 변화를 거부하듯 텃세를 부리는 것이다. 보장은 할 수 없으나 가능성을 믿으라는 긍정과, 선불리 뛰어들었다가 막급한 후회를 할지도 모를 일에 굳이 위험을 무릅쓰고 뛰어들 필요가 있겠느냐는 부정 간의 공방전이 과히 필사적이다. 절실한 긍정과 충고와도 같은 부정 사이에서 이러지도 못하고 저러지도 못해, 마음은 굴뚝같으나 속은 까맣게 타들어 가고 만다. 자신을 진정으로 우려하는 듯한 부정은 가능성만을 제시하는 긍정보다 설득력이 강하다. 그러나 부정을 극복하지 못하면 긍정에 도달할 수가 없다. 그러기 위해서는 평소에 자신이 가지고 있는 통념의 틀을 깨야만 한다. 통념 속에 갇혀 무엇을 받아들일 것인지를 고민하며 혼란한 세상을 탓하기 보다는, 통념의 틀 밖에서 이 세상이 자신에게 과연 무엇을 바라는지를 먼저 생각해야 한다.

'용기 있는 자만이 미인을 얻는다.' 라는 말이 있다. 이는 진심으로 좋아하는 사람에게 자신의 마음을 솔직히 고백하지 못하고 냉가슴만 앓다가는 결국엔 그 사람을 놓치고 만다는 뜻이기도 하다. 그가 고백을 주저하는 것은 공연한 자격지심을 느끼고 있거나, 거절당할 것을 너무도 우려한 나머지 가슴에 담아두고 있음이다. 뜻은 있으나 마음이 여려 표명하지 못하는 것은 결과적으로 포기에 속한다. 포기에는 가능성이 전혀 없다. 상대가 떠난 후 비로소 느낄 것이다. 기회란 자신을 기다려 주지 않는다는 것을.

인간이 '갈등과 결단' 에 시달리는 것은 장담할 수 없는 성공보다는, 실패를 지나치게 의식하기 때문이다. 따라서 '갈등과 결단' 앞에서 나약한 자와 용기 있는 자의 차이는 호기나 담력의 차이가 아니라, 실패를 바라보는 시각의 차이이다.

나약한 자는 실패에 인색하며, 용기 있는 자는 실패에 관대하다. 나약한 자에게 있어서 느껴지는 위기의식이란, 위기가 자신을 일방적으로 위협하는 공포의 대상으로만 느낀다. 따라서 적당히 피해갈 길을 모색하며 자신을 숨기기 위한 도피처를 찾기에 급급하다. 이처럼 실패를 절망으로만 받아들이기 때문에, 어떻게 해서라도 실패만큼은 모면하고자 하는 도피심리가 우선적으로 작용한다.

이에 반해, 용기 있는 자는 위기를 위협으로만 받아들이는 것이 아니라, 어차피 겪어내야 할 시련으로부터 벗어날 수 있는 절호의 찬스라는 발상의 전환을 한다. 성공에 따르는 실패를 당연히 인정하며, 이를 감수할 각오를 한다. 기회조차도 주어지지 않는 좌절을 맞이하느니, 차라리 실패를 하더라도 곤경에서 벗어날 수 있는 기회를 갖는 편이 훨씬 낫다는 생각을 하는 것이다. 일단 실패에 대한 개념을 정리를 함으로써 갈등을 진정시키고 당면한 위기에 보다 빨리 대처하며 성공을 위해 전력을 다하겠다는 자세이다. 문제에 봉착하였을 때 신속하게 대처하고 과감하게 행동하는 자의 인식은 당면한 문제에 대한 결과를 크게 두려워하지 않는다. 최선을 다하여 잘되면 그보다 좋은 일은 없지만, 만약에 실패를 하더라도 최선을 다 한만큼 후회는 하지 않겠다는 의지를 지녔기 때문이다. 실패는 그 자체가 삶의 종말이 아니라, 새로운 삶의 전환점으로 받아들임으로써 실패를 성공의 차선책으로 받아들인다.

인생을 길게 보면 갈 길은 멀다. 그 길을 가다가 걸림돌과도 같은 난관에 부딪치고 넘어져서 상처를 입는다고 죽지는 않는다. 아픔을 참고 툴툴 털고 일어나, 상처에 흐르는 피를 닦아내고 동여매면 그만이다. 시간이 흐름에 따라 피는 멈추고 상처는 저절로 아물 것이다. 그러나 넘어질 것을 우려해 앞으로 나가지 않는다면, 바라는 목표에 도달할 수가 없다. 목적이 없는 삶은 의미도 없다. 의미가 없는 삶은 천년을 살아도 아무런 가치가 없다. 인생에 있어서 실패를 딛고 일어서는 자에게는 또 다른 기회가 부여되지만, 겁에 질려 아무것도 못하는 자에게는 그 무엇도 허용하질 않는 것이 세상의 냉엄한 이치이다.

인생은 정해진 길을 걷는 것이 아니라 '갈등과 결단'의 연속으로 점철되어진다. 위기의식으로 느껴지는 그 분기점은 돌발적으로 발생하는 것보다 미리 대비하지 않음으로써 위기를 자초하는 경우가 많다. 이미 예고된 수순이었음에도, 이를 덮어두고 의식하지 않으려는 도피심리가 오히려 상황을 더욱 악화시키는 경우이다. 예를 들어 학생들에게 있어서 시험일자는 오래 전에 이미 예고된 일이었지만, 호기를 부리다가 갑자기 시험일자가 닥쳤다고 느끼는 것은 심리적으로 대비하지 못한 시간만큼 시간이 촉박하게 느껴지는 현상이다. 즉 시험일자가 닥쳐올 줄은 알았지만, 결단을 내리지 못한 상태에서 갈피를 못 잡고 여유를 부리다가 아까운 시간만을 허비해왔다는 증거이다.

자신을 스스로 책임질 수 없을 때, 사람들은 자신을 운명에 맡기려고 든다. 그러나 그 운명을 맡아주고 책임질 자는 그 어디에도 없다. 선택할 능력이 없다면, 선택을 당할 수밖에 없다는 것이 세상의 이치이다. 따라서 '자신을 운명에 맡긴다는 것'은 자신은 선택할 능력이 없음으로 무능함을 인정하고, 상대의 처분에 따라 굴복하고 끌려가겠다는 체념을 뜻한다. 그들이 기대할 수 있는 것이라고는 '혹시나' 하는 요행뿐이다.

또한 좋은 혼처감도 거부하고, 보다 이상적인 배우자를 학수고대하며 버티다가, 혼기를 놓쳐버린 사람들도 비일비재하다. 그들의 갈등은 이상과 현실에 대한 정립이 부족한 탓이라고 볼 수 있다. 완벽한 이상형을 현재에서 구하려함은, 마치 자신이 꿈꾸는 세계를 현실로 구현해내려는 바램처럼이나 요원하다. 따라서 막연한 현실의 한계에 대한 비현실성을 지적할 수가 있다.

자연에서 태어나 자연 속에 살다 자연으로 지는 '사람은 곧 자연이다.' 라는 논리를 펼쳐보자. 자연친화적인 사람이라면 누구나가 아름다운 정원을 갖기를 원한다. 하지만 자신이 꿈꾸는 이상적이고도 아름다운 정원은 저절로 조성되는 것이 아니다. 적당한 자연의 여건 속에서 땀과 노력을 바쳐 심고 가꾸고 다듬으며 조성하여야 한다. 그러나 아름다운 정원을 꿈꾸는 그들의 이상은 환상의 틀에서 벗어나지 못하는 망상에 사로잡혀있을 뿐이다. 사상누각에 불과하다.

그들의 문제점은 배우자를 선택함에 있어서, 함께 만들어 간다는 개념을 떠나서, 보다 이상적으로 완성된 상대를 편취하겠다는 발상에서 기인한다. 소중한 삶이기에 자신을 함부로 내줄 수 없다는 독단적인 생각이 결국엔 혼기를 놓치고 혼자라는 외톨이로 남아, 무정한 세월 속에 외로움을 느끼게 되는 결과이다. 선택의 길목에서 갈등에 시달리다가 결단을 내리지 못해, 결국 기회를 박탈당한 사람들은 과거를 반추한다. 자신이 왜 그리 속이 좁은 삶을 살았는지 아쉬운 회상에 빠져드는 것이다.

이러한 모호함은 삶과 죽음의 기로에서도 여실히 드러난다. 사람의 죽음은 그 누구에게나 예고된 엄청난 사실이다. 그러나 죽음을 언제나 의식하고 대비하며 살아가는 사람은 없다. 인간은 자신의 능력으로 통제할 수 없는 상황에 대해서는 침묵으로 일관하며 회피하는 습성으로, 사실 그 자체를 자신과는 전혀 무관한 듯 무마시켜버리려고 한다는 점이다. 감당하기 힘든 사실을 외면하고 부정해버리려는 의도가 짓다. 그래도 세월은 가고 대비치 못한 시기는 오게 마련이다. 그때서야 비로써 말한다. 예상치도 못했던 운명이 닥치고 말았다고.

인간의 삶에 있어서 동물과 크게 다른 점은, 힘의 논리나 상대적 기회포착이라는 생존경쟁의 원초적 틀을 벗어나, 정신적 규범이라고 할 수 있는 도덕이 존재한다는 점이다. 따라서 동물이 늙으면 사냥능력이 쇠퇴하여 굶어 죽거나 다른 동물의 먹이가 되지만, 사람의 경우에는 예우라는 차원에서 노인을 공경하고 안전에 대한 기본권을 우선적으로 보장하는 것이다. 그렇다고 해서 노인에 대한 공경이 법으로만 지켜지는 것은 아니다. 인간의 양심과 사회적 풍습과 같은 도덕사상에서 기인한다. 노인세대가 없었다면 기성세대는 결코 존재하지 않았을 것이기 때문이다. 그들의 노력으로 기성세대는 길러졌고, 그들로부터 물려받은 현대문명의 혜택을 누리고 있다. 또한, 보다 희망에 찬 신세대를 창출할 수 있는 기반이 되기도 한다. 그리고 자신이 세월에 밀려 늙게 되었을 때, 신세대로 하여금 그만한 예우를 보장받게 된다는 확신을 가질 수가 있다. 이것이 법 이전에 인간의 도덕적 규범이다.

갈등과 결단에 있어서도 자신의 필요에 따라서 자유롭게 선택할 수 있는 선택적 허용범위가 있는 반면에, 양심적으로 선택할 수 없는 도덕적 한계가 존재한다. 그러나 극한 상황에서 자포자기에 빠지다보면 이성적인 범주의 한계를 벗어나 극단적인 선택을 하게 되는 경우가 있는데, 이것이 '도덕적 해이' 이다. 자신의 이익에 급급하여 양심을 팔아치우듯 상대를 배신하고 매도함으로써 신의를 저버린다든가, 남에 것을 훔치고 약한 자를 강탈하는 행위, 감언이설로 남을 속이고, 자신의 목적을 위해 살인까지도 서슴치 않는 파렴치한 행위들이 바로 그것이다. 인간이 극단적인 상황에 몰리다보면 본의 아니게 막다른 생각에 이르게 되고, 그로 인하여 '일단 살고보자' 는 식의 발악은 본능라고 할 수도 있다. 그러나 원초적 본능에 의하여 이성을 망각한 극단적인 선택은, 일단 그 양심의 한계선을 넘어서면 걷잡을 수 없이 빨려든다는 맹점을 지니고 있다. 통제할 수 없는 마음은 자신을 추궁하게 될 양심의 가책을 느끼지 않기 위하여 인간의 도리를 따지고 드는 양심적 갈등을 외면하고, 이기적인 결단이 가지고 올 결과에만 집착한다. 목적을 위해서라면 수단방법을 따지지 않다보니, 그 행동이 대담하다 못해 상상을 초월하는 야비한 수법으로 진화한다. 덜미를 잡혀 체벌을 당할 때까지 헤어나질 못하며, 마치 게임을 즐기듯 중독성이 강하다는 특성과 함께, 스릴감이 주는 유혹에서 좀처럼 벗어나질 못한다. 하지만 이러한 선택의 결과는 법을 논하기 전에 이율배반적인 인류의 기본적 양심을 침해하는 패륜에 속하기 때문에, 죽음으로도 그 죄를 씻을 수가 없다는 점을 결코 간과해서는 안 된다.

법이나 일정한 양식이 없어 무질서해 보이는 야생에 세계에 있어서도 결코 깨지지 않는 기본적인 질서는 존재한다. 때문에 그들은 서로가 공존하며 번성을 멈추지 않는 것도, 그들 나름대로의 삶에 가치관이 지켜지고 있다는 증거이기도 하다. 하물며 인간이 그 같은 기초적인 질서의 한계까지를 파괴하고, 마치 양심조차도 없는 것처럼 자신을 매도한다는 것은, 자신이 속한 모든 인류에 대한 배신이며 모독이라는 점을 명심해야 한다. 이는 마치 자신을 낳고 길러준 부모를 부정하는 것과 같이, 자신이 인간이기를 거부하는 인간 이하의 경고망동에 속할 뿐이다.

그 외에도, 오해와 같은 이해의 부족으로 빚어지는 작은 갈등 등으로 인하여, 서로 의절하고 사는 사람들이 많다. 이는 대화의 부족과 상대를 순수하게 보지 않으려는 아집으로 상대를 속단함으로써 일어나는 분란에 속한다. '서로가 안보고 살면 그만이다' 는 식으로 서로의 응어리를 풀지 못하고 지내는 이유는 그 알량한 자존심 때문이다. 체면이 안 선다는 이유하나로 실수를 인정하지 않으려는 것은 자존심이 아니다. 그렇게 처신하고 있는 자신이 비굴하다는 점을 깨닫고, 본의 아닌 실수를 자인하는 용기가 오히려 당당하다는 것을 알아야한다. 또한 상대로부터 서운함을 느꼈다는 이유 하나만으로 자존심이 무시당했다고 속단하는 것도 너무도 단순한 발상일 수가 있다. 자존심으로 빚어지는 사람과 사람 간의 갈등이 좀처럼 풀리지 않는 것은 자신의 입장에서 상대를 바라보기 때문이다. 그러므로 이 갈등을 풀기 위해서는 상대방의 입장에 서서 자신을 바라보아야 한다. 상대를 이해할 수 있다면 자신의 오해를 인정해야 하며, 자신이 상대에게 오해의 원인을 제공했다면 이를 사과할 줄 아는 용기가 필요하다. 또한 상대의 작은 실수가 발견되었다고 하더라도 악의가 없었다고 느껴지면, 자신의 포용력이 부족한 결과라고 볼 수 있다. 그러나 아무리 생각해봐도 도저히 이해할 수가 없다면, 자신과 함께 할 수 없으므로 절교의 결단을 내리어도 무방할 것으로 사료된다.

각질이 벗겨지고 새살이 돋아나듯이 삶은 생성을 멈추지 않는다. 세포가 증식하여 분열하고, 분열로 파생된 세포가 성장을 반복하는 것이다. 과거를 밀어내고 미래를 생성시키는 삶에 형태와 마찬가지로 인간의 사고방식도 이와 다를 바가 없다. 직면한 하나의 사건을 대함에 있어서 그에 대한 '사상과 실제' 가 '가상과 실상' 으로 양분되어 극심한 분열을 일으킨다는 점이다. 인간은 각기 자신이 처한 상황이나 목적에 따라 이룰 수 없는 가상을 걸러내고 실현 가능한 실상을 쫓게 되는데, 그에 따르는 최대의 값을 정확히 가려낼 수 없다는 한계에 봉착하게 된다. 이상과 현실에는 괴리감이 존재하기 때문이다. 이로 인하여 갈등을 느끼며 망설이지만, 정확한 판단을 하기 위하여 좀 더 생각하며 지체할 여유가 충분치 않은 경우가 많다. 더구나 자신의 삶에 지대한 영향을 미치는 갈등과 결단을 해야 하는 상황에 이르러서는 극심한 위기와 공포를 느끼기도 한다. 그러나 무심한 속도로 흐르는 시간에 의하여 자신이 떠밀리듯이 좋든 싫든 확신도 없이 일을 저지르는 심정으로 한 갈래의 길을 선택하고 적응하며 살아가게 되는 경우가 많다. 사람들은 이를 두고 '팔자' 이라고 지칭하는 것이다.

비관적으로 받아들이는 팔자란 '기로의 이야기' 처럼 갈등과 결단에 따르는 시련을 극복하지 못하고 최후의 몰락을 맞이하는 신세와도 같다고 볼 수 있다. 자신이 처한 현실이나 탓하며 어쩔 수 없이 끌려가는 듯한 체념적인 형태의 삶은 너무도 황막할 뿐이다. 그 어떠한 변명으로도 그 책임을 전가할 수가 없다. 삶은 비굴함을 용납하질 않는다. 희생의 표적이 될 뿐이다. 감당하기가 버거울지라도 자신을 추궁하는 갈등과 결단을 이겨내야 하는 까닭이 바로 여기에 있다. 결코 피해서는 안된다. 정면으로 맞서라. 갈등과 결단은 미래의 요구이며 피할 수 없는 삶에 통과의례인 것이다.

모든 것은 시련을 통하여 성장하고 변모한다. 다소 진통이 따르더라도 시련을 거부하지 말라. 어차피 겪어내야 할 난관에 불과하다. 일단 현실을 직시하고 실현 가능한 것을 선택하라. 그리고 나머지에 대해서는 미련을 버릴 줄 알아야 한다. 종횡무진으로 날뛰는 두 마리의 토끼를 한 번에 잡으려고 하는 것은 과욕에 불과하다. 오히려 한 마리도 못 잡는 결과만을 초래한다. 자신이 선택한 하나의 목표에 최선을 다하고 결과에 승복하는 자세가 필요하다.

일단 자신이 선택한 결정사항에 대하여 단호하게 대처하라. 남과 비교하여 자신을 비하해서도 안 되며, 선택한 사항에 대하여 가치를 의심해서도 안 된다. 가치관의 혼란에서 오는 번복에 대한 유혹이 자신의 의지를 한없이 흔들어대기 때문이다. 결과에 대한 예측도 유추하지 말라. 흥분과 두려움이 난무하며 마음을 산란하게 할 뿐이다. 갈등을 이겨낸 자신의 결단이 그 임무를 성실히 수행해내기 위해서는, 자신의 내면에 흐르는 잡념이나 감정에 고리들을 냉정히 끊어야 한다는 것을 명심해야 할 것이다.

시간의 개념

시간의 개념

'빅뱅이론' 에 의하면 우주의 탄생을 알리는 작은 점의 대폭발과 함께, 우주가 팽창되면서 공간이 생겨나고 시간이 시작되었다고 한다. 그렇다면 대폭발 그 이전 폭발점이 형성되기까지도 시간은 존재하지 않았다는 결론에 이르므로 그에 대한 신빙성은 절대적이라고 규정짓기 어렵다. 시간의 기원을 정확히 알 수는 없지만, 중요한 것은 시간은 분명히 존재한다는 사실이다. 그렇다면 그러한 시간의 존재를 어떻게 규정지을 수가 있을까. 시간이 곧 삶이라는 관점에서 '시간의 존재' 와 '시간의 성향' 을 분석하고 이해를 구함으로써, '인간의 삶은 시간에 어떻게 대처해야 하는가.' 에 대한 방안을 모색하고자 한다.

시간이란 시작에서 끝을 이어주는 연속성을 의미한다. 시공간을 유영하는 모든 존재란 공간 소통의 매개체인 시간을 통하여 시작에서 끝을 향한다. 존재의 시작은 형체를 갖추기 시작한 생성을 뜻하며, 존재의 끝이란 수명을 다한 존재가 존재로서의 기능을 상실하고 마는 소멸을 의미한다. 존재는 형체를 갖추기 위하여 생성의 과정을 거쳐 공간을 점유하는 순간, 시간을 부여받으며, 존재로서의 기능을 상실하고 소멸되는 순간, 시간을 박탈당한다. 즉 시간이란 존재를 입증하는 근거로써, 공간을 점유하고 현실 속에 드러난 실체를 밝혀내어 그 존재가 소멸에 이르기까지 행적을 추적하는 관리감독자로서의 역할을 수행한다. 존재를 따라다니는 시간을 그림자에 비유한다면, 시간의 그림자는 존재를 놓치질 않는다. 바삐 움직이면 빠르게 쫓아가고, 천천히 움직이면 느리게 쫓아가지만, 정체되어 있으면 분해되어 사라질 때까지 지루하게 붙어 있을 뿐이다. 그것이 존재가 감지할 수 있는 시간의 상대적 속도이다.

또한 생명이 존재를 벗어날 수 없듯이, 존재는 시간을 벗어날 수가 없다. 존재가 시간에 얽매여 종속될 수밖에 없는 이유이다. 시간의 엄격한 통제권 속에서 존재의 생명력이 공간을 확보하고 미래로 나가기 위해서는 존재적 결함을 밝혀내어 옭아매려는 시간의 저지선을 통과해야만 한다. 따라서 모든 존재가 자신의 생명선과도 같은 시간을 통과할 때, 자신의 약점을 잡아 도태시켜버리려는 시간의 저지력에 대하여 저항할 수밖에 없는 상황에 처한다. 존재는 시간을 간절히 원하지만, 시간은 존재를 보장하지 않기 때문이다. 시간으로부터의 추방은 존재의 멸망을 뜻한다. 따라서 존재는 유기적인 체제를 유지하고, 시간의 저지선을 뚫고 돌파해나가기 위해서는 강인한 생명력과 추진력을 발휘할 수 있는 힘의 에너지를 필요로 한다. 존재가 시간을 통과하기 위해서는 시간의 견제력에 대응할 수 있는 절대적 저항 값을 유지해야 함으로써, 존재와 시간은 서로가 대치하고 맞서는 입장에 처하게 되는 것이다. 그러나 존재가 시간에게 저항하며 버틸 수 있는 데에는 한계가 있듯이, 존재에게 부여되는 시간이란 생성에서부터 소멸에 이르는 틈새를 의미한다.

인간은 탄생 이전의 상태를 모른다. 시간을 의식할 수도 없었기에 '빅뱅이론'과 같이, 자신의 탄생과 함께 '자신의 시간'이 시작되었다고 보는 것이다. 하지만 분명히 살아 있음에도 인간이 잠들었을 때, 시간을 감지하지 못하는 것은 인간의 의식이 무의식 상태로 돌아갔기 때문이다. 무의식이란 의식이 존재로서의 기능을 상실했음을 말한다. 존재의 상실에는 시간이 존재할 의미가 없으므로 시간이 존재하질 않는다는 입증이 아니고 무엇이겠는가.

시간이란 실질적인 존재만을 관장한다. 인간의 육체는 형체가 뚜렷한 실질적인 존재이다. 하지만 인간의 정신은 형체가 없는 허상적인 현상에 불과할 뿐, 실질적인 존재가 아니다. 따라서 인간의 정신 그 자체에는 시간이 존재하질 않는다. 다만 실질적인 존재의 육체와의 교감을 통하여 육체를 지배하고 있는 시간을 감지할 뿐이다. 이를 다시 말하자면, 육체와 정신이 이상적인 교감을 통하여 일으키는 현상이 의식이다. 전기신호와도 같은 의식은 육감을 통하여 '나'를 느끼게 하듯이, '나'라는 존재의 의식을 통하여 시간을 감지하고 느끼는 것이다.

잠이란, 육체와 정신의 교감이 일시적으로 단절된 상태에서 아무런 현상을 일으키지 못하는 무의식상태를 의미한다. 하지만 육신은 수면상태에서도 호흡과 박동을 통하여 세상과 소통을 한다. 시간의 범주 안에서 시간의 흐름을 통과하고 있는 것이다. 생명의 자락을 잡고 육체로 돌아온 정신은 의식을 되찾은 후, 시간이 많이 흘렀음을 그제야 감지한다. 따라서 존재로서의 소멸을 마친 죽음에는 시간이 존재한다고는 볼 수가 없다. 존재의 완전한 소멸과 같이 존재하지 않음에는, 존재의 그림자와도 같은 시간이 드리워 존재할 수 없기 때문이다. 그러나 존재의 근거를 찾을 수 없는 마음과는 달리, 엄연히 존재하고 있는 인간의 육신은 시간의 끈질긴 저지력에 맞설 저항력이 쇠퇴하면 늙고 병들어 간다. 존재의 끝을 향해 질주하고 있는 것이다. 따라서 존재의 끝맺음을 통하여 시간과의 연결된 고리가 끊기고 마는 존재의 이탈은, 시간의 이탈을 의미한다.

시간이란 독립된 짧은 순간들이 고리를 형성하듯 이어져 흐르는 현상을 뜻한다. 마치 독립적으로 형상화되어 이어진 영화의 필름 하나하나가 순간들의 모임을 형성하여, 스크린에 비칠 때는 연속적으로 느껴지는 착시현상과도 같다고 할 수 있다. 따라서 시간을 벗어나서는 그 무엇도 존재할 수가 없듯이, 시간 속에 드러난 모든 존재들은 흐르는 시간을 따라 순간이동을 하는 것이다. 찰라와 같이 짧은 그 순간이란, 그 누구도 측정할 수 없는 미시적 공간의 이동을 말한다. 그 미세함이란 1초 동안 빛이 날아간 거리를 10mm로 나누고 다시 10mm를 3등분으로 나누려는 것과 같이, 그 끝을 헤아릴 수 없다. 시간이란 빠른 만큼 빠르게 움직이기 때문이다. 찰라와 같은 그 미세한 시간은 독립적이다. 그러나 시간이 단절되지 않고 지속적으로 흐른다는 것은 찰라와 같은 순간과 순간사이를 이어주는 아주 극히 작은 밀도에 시간의 소립자들과 미립자들이 매개체로 존재한다는 것을 짐작할 수가 있다.

속도는 출발에서 도착지까지 소요되는 이동거리의 수치가 0에 가까울수록 빠르다는 것이 기본정설이다. 소요된 시간의 밀도가 0에 가까울 정도로 헤아릴 수 없이 작다는 것을 역리적으로 늘어놓았을 때, 사실적으로 이동해온 거리와 공간이 헤아릴 수 없이 길고 넓다는 것을 의미한다.

사람은 '상대성이론'에 의거하여 빛보다 빠른 것은 없다고 말한다. 그것은 관측자와 관측자 간의 서로 동떨어진 공간과 시간의 편차에 있어서도 시간은 동일한 조건에서 균일하게 흐름으로 시간의 속도에 편차를 가늠할 수가 없다는 전제하에 시간의 속도를 배제하고 나선 논리에 지나지 않는다. 그러나 시간의 속도를 감지할 수 없다고 하여 이를 아예 무시하고, 관측자들이 머무는 공간의 사이를 질주하는 대상들만을 골라 최고의 속도를 규정하려는 것은 편의적 발상에 불과하다.

시간은 분명히 흐른다. 아무리 빠른 속도일지라도 시간을 벗어날 수는 없으며, 그 흐름을 허용하는 시간 역시도 분명한 속도를 가지고 있음으로 그 존재를 놓치질 않는다는 사실이 성립되는 것이다.

시간 속에 머무는 우주의 행성들이 자신의 궤도를 돌며 자전과 공전을 하듯이 우리가 살고 있는 지구 역시도 자전과 공전을 한다. 그 속도는 상상을 초월할 정도로 엄청나게 빠르다. 이는, 시간이 '시작에서 끝을 향하는 공간이동'과, '현재에서 미래로 향하는 순간이동'을 동시에 병행하고 있다는 입증이다. 그러나 인간은 지구의 자전과 공전의 엄청난 속도를 감지하지 못한다. '관성의 법칙'에서 말하듯이 같은 방향으로 일정한 속도가 유지될 때 지구와 같은 관성에 놓인 동적인 입장이 되어, 제3자적인 입장에서만 느낄 수 있는 그 속도감을 감지하지 못하기 때문이다. 이와 같은 맥락으로 시간의 순간이동과 공간이동을 느끼지 못하는 것은, 인간이 우주 전체를 감싸 안고 흐르는 시간과 함께 일정한 속도를 유지하며 같은 방향으로 흐르고 있기 때문이다. 또한 속도를 측정하는 관측자와 관측자 간의 동떨어진 공간에서도 시간의 편차를 전혀 느끼지 못하므로 시간의 속도를 측정할 수 없다는 것은 관측자 모두가 우주에 동승하고 있기 때문에 시간의 속도를 도저히 예측할 수 없다는 반증이다. 날아가는 비행기는 바람의 저항력과 중력의 영향을 받아 속도가 감퇴할 수밖에 없듯이, 빛 또한 공간을 통과하기 위해서는 외부적 저항을 받게 마련이다. 그러나 우주를 감싸고 흐르는 시간은 이러한 영향권의 밖에서 속도의 저항을 받지 않는다는 점을 간과해서는 안 된다. 빛은 시공간 속을 질주하는 존재에 불과하므로 빛의 속도가 아무리 빠르더라도 '0에 가까운 시간의 속도'를 초월할 수 없다는 것을 의미한다. 이를 다시 정리하자면, 빛의 속도를 재기 위해 빛이 시작점을 출발하는 순간, 시간은 이미 빛의 도착점에 도착하여 빛이 오기를 기다리고 있음을 뜻한다. 또한 시간보다 빠른 것은 시간 속에 머물 수 없음으로 시간 속에 드러나지 않는다는 이치가 성립된다. 따라서 이 우주를 통틀어 시간보다 빠른 것은 결코 존재할 수 없음을 뜻하며, 인간 또한 빛보다도 상상할 수 없이 빠른 시간과 함께 '순간이동'과 '공간이동'을 하고 있다는 결론에 이른다.

시간은 시간의 전달자이자 매개체인 시간의 소립자들과 미립자들을 통하여, 우주에 모든 존재들에게 자신의 존재를 전파하고 소통시킨다. 즉, 우주 안에서 존재를 유지해나가려면, 시간의 철칙을 따라야 한다는 경고의 메시지이기도 하다. 우주의 절대권자와도 같은 시간은 흐르는 본질에 따라, 흐름을 거부하는 멈춤을 결코 용납하질 않는다. 흐르는 시간을 따라가지 못하는 낙오자는 시간 속에 존재할 수 없음으로 과거 속으로 묻힐 수밖에 없는 이치이다. 따라서 우주에 존재하는 모든 행성들이 자신의 궤도를 따라 흐르듯이, 하늘엔 구름이 흐르고, 땅에는 물이 흐르며, 살아있는 생명의 체내에는 흐르는 생명수와, 생명의 박동이 흐르는 시간과 함께 뛰고 있다. 그리고 일반적으로 존재하는 물체나 물질에도 분자를 구성하고 있는 원자들의 진동이 멈추질 않는다고 한다. 흐름을 거역하는 멈춤은 시간에 대한 무모한 도전으로써 파멸만을 초래할 뿐이며, 파멸은 존재로서의 박탈을 뜻한다. 존재의 박탈은 존재 이전의 상태로 되돌려지는 소멸을 뜻하며, 소멸은 시간으로부터의 냉정한 추방을 의미할 뿐이다.

아무것도 존재하지 않는 허공에서는 시간의 근거를 찾을 수가 없다. 시간은 존재에만 결부하며, 시간의 흐름이란 존재에 의한 존재의 상대적 움직임에 따라 그 속도가 비례하기 때문이다. 그러므로 인간은 우주의 공간에 떠있는 지구와 달과 태양의 존재를 근거로 하여 시간을 발취해 냈다. 이 행성들이 서로 상호작용하고 있는 자전활동과 공전활동을 관찰하고, 반복되는 현상에 의한 주기의 길이를 기준으로 삼아, 시간의 단위를 임의로 설정한 것이다. 지구의 자전주기를 24등분하여 24시간을 1일로 기초하였고, 지구의 위성인 달의 공전주기를 1달로, 태양을 기점으로 지구의 공전주기를 1년으로 삼음으로써, 시간을 측정하는 시계와, 달력과, 양력을 만들어냈다. 그러나 시간의 미시적인 소립자들과 미립자들을 정확한 단위로 가른다는 자체가 불가능하다. 따라서 발생할 수밖에 없는 시간의 오차를 최소화하기 위하여, 윤초와, 윤달과, 윤년을 부가시킨 것이다.

과거를 돌이킬 수 없듯이 지나간 시간은 돌아오지 않는다. 고로, 시간은 일직선으로 스쳐 지나갈 뿐이다. 그러나 인간은 시간이 되풀이 되듯이 돌고 있다는 느낌으로 살아간다. 우주가 만들어낸 질서 속에 모든 행성들이 그러하듯, 인간에게 있어서 시간의 의미를 담고 있는 지구와 달과 태양이 일정한 형태로 자전과 공전을 하며, 모두가 돌고 있기 때문이다. 따라서 인간이 응용해낸 시계 역시도, 초침과 분침과 시침이 원을 그리며 끝없는 되풀이를 하는 것이다. 항상 되풀이 되는 인간의 생활방식도 시계의 원리와 크게 다르지 않다보니 시간은 언제나 돌아간다는 개념으로 살아간다. 돌아간다는 개념은 그 끝이 보이질 않는다. 그러다보니 삶 역시도 끝이 없이 도는 것만 같아, 죽음을 망각하고 살아가게 되는 효과를 불러일으키기도 한다.

특수한 상황이라고 할 수 있는 일부 지역의 백야현상을 제외하고, 아침이면 해가 뜨고 저녁이면 해가 짐으로서 밤이 온다. 자연에서 파생된 인간의 존재는 자연의 이치에 순응하며 살지만, 해가 뜨면 일어나고 해가 지면 잠을 자는 사람은 거의 없다. 또한, 배가 고파야만 음식을 먹고, 그날의 기분에 따라 사는 사람도 거의 없다. 대부분의 사람들이 자신이 설정한 시간에 일어나고, 자신이 지정한 시간에 잠을 잔다. 또한 음식 역시도 배가 고파야만 먹는 것이 아니라, 정해놓은 시간에 맞춰 식사를 하고, 정해진 시간에 계획한 일을 한다. 인간이 자연의 이치나 생리적인 현상에 무조건 따르기 전에 시간의 지배를 받는 것이다. 달력은 벽에 걸린 채 미래에 대한 일정을 예고하고, 곳곳에 달라붙어 있는 시계도 모자라 핸드폰이나 손목을 옭아매고 있는 손목시계까지도 시간의 틀 속에 갇혀있는 자신을 통제하고 지시한다. 시간과의 약속은 냉혹한 현실을 감시하는 동시에, 거역할 수 없는 삶의 조건이기 때문이다. 빠져나갈 수 없는 시간의 틀에 박혀, 삶의 궤도를 돌듯 반복되는 일상은 너무도 단조롭게만 느껴질 수가 있다. 변화가 없는 시간적 반복이란 삶의 주체성을 상실케 하고, 시간의 노예가 되어 맥없이 끌려간다는 느낌을 줌으로써 메마른 정서를 서글프게 한다. 자신을 억압하고 몰아붙이는 시간으로부터 회의감을 느끼며, 그러한 시간의 속박으로부터 벗어나 진정한 자신을 되찾고 싶어 하는 것이 인간의 심리이다. 인간의 심리가 시간에 짓눌려 생동감을 상실하면 일상에서 탈피하려는 권태감에 빠져들기가 쉽다.

권태감에 빠지면 모든 것이 '지겹다' 는 느낌 밖에 안 들어 짜증이 나고, 일에 능률도 오르지 않는다. 살아남기 위하여 마지못해 시간에 끌려 다니는 자신이 처량하게만 느껴지는 심리적 현상을 일으키기 때문이다. 지겨운 시간 속에 갇혀 억지로 버틴다는 것은 한계가 있다. 질식할 것만 같은 느낌이 들어 자신의 숨통을 조여오기 때문이다. 이로 인하여 발생하는 권태감이나 스트레스를 극복하지 못하면 마음이 의기소침해져서 일이 제대로 풀리지 않을 뿐만 아니라, 하는 일마다 꼬여 스스로 엉켜버리는 슬럼프나 조울증에 빠지기 쉽다. 평소 자신만만했던 일들이 낯설게만 느껴지고 실수를 연발함에 따라 모든 일에 두려움을 느낀다. 이는 의욕을 상실한 인간의 심리가 일상에 대한 거부감을 느끼고 있다는 증거이다. 따라서 스스로의 고립을 자초하며 일상의 기피증 속으로 맥없이 빨려드는 심리를 끌어내야 한다. 묵은 시간 속에 찌들어 있는 무력감을 걷어내야 만이 경직되어 있는 심리를 회복시킬 수가 있다. 시간과 자신과의 관계를 재정립해야 하는 것이다. 삶은 시간과의 조화이다. 시간에 짓눌린 삶을 환기시키고 세상과 소통하기 위해서는 묵은 시간에 찌들어 있는 자신에게 해방감을 안겨주어야 한다. 자유로운 시간의 여행 속에서 신선한 자연과의 마음에 대화가 필요하다. 또한 시간의 속박에서 벗어나 평소 자신이 하고 싶었던 것을 마음껏 시도하면서 자신만의 시간을 즐겨보라. 그동안 쌓였던 낡은 시간의 스트레스를 풀어냄으로써 새로운 개념의 시간을 맞이하기 위함이다.

시간이 몰고 올 미래란 아무도 장담할 수 없는 불확실함 그 자체일 수밖에 없다. 불확실함 속으로 던져지는 삶이란 피할 수 없는 선택의 연속이 아니겠는가. 미래가 운명처럼 다가온다면, 시간 또한 운명처럼 다가간다. 운명을 건다는 것은 결코 쉬운 일이 아니다. 따라서 운명을 짊어지고 미래로 향하는 마음가짐에 따라서 시간의 개념이 달라진다는 것을 알아야 한다. 미래로 향한 시간의 개념에 따라 시간의 편차가 느껴지고, 그에 따르는 의식이 일생을 좌우한다는 사실이다.

즉 '시간에 끌려가는 사람' 은 자신감이 없으므로 삶의 전면에 나서질 못하고, 시간을 바람막이로 삼아 연명이나 해가는 사람을 일컫는 말이다. 불확실성이 주는 미래에 대한 두려움과 부정적인 사고방식으로 인하여 삶의 기득권을 박탈당한 상태이며, 시간의 노예근성을 버리지 못함으로써 시간의 속박에 길들여지는 현상이다. 이들의 목적은 위험에 빠지지 않기 위하여 순간을 모면하는 것이다. 당장이 급급하여 미래를 보지 못하고, 굴러든 기회조차도 의심하며 발로 차버리고 만다.

또한 '시간과 같이 가려는 사람' 의 사고방식은 모나지도 않지만, 앞서지도 뒤쳐지지도 않은 상태를 유지하며, 흐르는 시간에 적당히 묻혀 가려는 무사안일주의를 말한다. 그들이 바라는 것은 요행이므로 평생토록 기다려도 오지 않을 기회를 기다리며 시간에 빌붙어 사는 것이다.

반면에 '시간을 이끌고 가는 사람' 이 있다. 그들은 뚜렷한 목표가 있기에 망설이거나 지체할 시간이 없다고 생각하며 갈 길을 재촉한다. 목적의식이 강하기 때문에 실패를 할망정 도전을 기피하지는 않는다. 그들에게 있어서 시간이란 삶의 무대에 지나지 않다고 여기기 때문이다. 자신의 배역과 연출력에 따라 인생은 희극이 될 수도 있고, 비극이 될 수도 있다는 지론을 가지고 있으므로, 결과에 굴하지 않고 기회를 스스로 창출해 나가는 것이다.

시간은 어차피 흐른다. 피할 수도 없다. 인생에 승패는 그러한 시간을 어떻게 받아들이고, 어떻게 활용하는가에 달려있다. 시간은 순간들의 모임이다. 오랜 시간 작은 물방울들이 모여 거대한 바다를 이루고 작은 모래알들이 모여 방대한 사막을 형성하듯이, 사람에게 있어서는 물방울이나 모래알 같은 작은 시간들이 하루하루 모여 인생을 이룬다. 따라서 하루하루의 의미는 선택에 의하여 자신의 꿈을 찾아가는 기회의 공간인 셈이다. 그러나 대다수의 사람들이 그 의미를 잊고 산다. 숨을 쉴 수 없는 밀폐된 공간에 갇혔을 때 비로소 당황하며 잊고 지냈던 공기의 고마움을 새삼 느끼듯이, 죽음을 앞둔 절박한 상황에 이르러서야 무의미하게 흘려보낸 시간의 소중함을 깨우치게 된다. 평소 자신에게 주어진 모든 여건을 너무도 당연시 흘려보내며 분위기에 젖어 편승해왔던 타성 때문이다.

타성이란 바람에 떨어진 낙엽이 시냇물 위에 떠있는 상태로 물길을 따라 시간에 떠밀려가는 한가로움과도 같다. 세상에 자신을 맡긴 듯 만사에 개의치 않으려는 타성은 자신의 존재조차도 철저히 말살시킨다. 타성에 젖어 아무것도 추구하지 않는 사람의 일상은 한가롭기 그지없어 따분할 정도이다. 정체되어 있는 상태에서는 시간 또한 맥없는 그림자처럼 늘어 붙어 있기 때문이다.

반면에 무언가를 추구하는 자에게 있어서는 긴박한 하루의 시간이 너무도 짧게만 느껴진다. 시간 또한 바삐 따라 움직이기 때문이다. 그러나 그 누구에게나 주어지는 시간은 공정하며 공평하다. 단지 다른 것이 있다면, 그것은 시간에 대한 개념이다.

시간의 개념을 아는 자는 시간을 통하여 자신에게 부여된 삶의 의미를 찾으려고 분주하다. 하지만 인생을 적당히 보내고자 요령이나 피면서, 시간 위에 군림하여 시간을 농락하는 자의 말로는 어떠하겠는가. 흐르는 시간은 무임승차를 용납하질 않는다. 언젠가는 냉혹한 현실에서조차 내몰리는 허망한 신세가 되고 말 것이다. 따라서 진정한 삶을 영위하려면 흐르는 시간에 빌붙어 '삶을 죽은 듯이 살려는 비굴한 자세' 에서 벗어나, '삶을 삶같이 살려는 적극적인 자세' 로 의식의 전환이 필요하다.

시간은 누구에게나 공정하게 흐르지만, 시간은 누구에게나 공평하게 대하지는 않는다. 시간을 겸허하게 받아들이며 소중하게 대한 자에게는 그만한 보답을 하고, 시간을 홀대하며 탕진한 자에게는 가혹하리만큼 고통을 안겨주는 것이 시간의 엄격함이다. 자신을 속일 수 있을지언정 자신의 양심과도 같은 시간의 진실성은 아무도 속일 수가 없다. 시간은 자신의 과거를 명백히 입증할 수 있는 확실한 산증인으로서 현재의 자신을 지목하고 있다. 현실이 고통스럽고 힘겹게 느껴진다면, 그것은 잘못된 과거를 추궁하고 있음이라는 점을 알아야 한다. 따라서 시간을 속인다는 것은 자신을 속이는 것과도 같다. 변명이나 둘러대면서 대충 얼버무릴 생각은 하지 말라. 시간은 의욕을 상실한 자에게 인정을 베풀지 않는다. 시간의 야속함을 탓한들 소용이 없다. 시간은 나태한

자가 방심하고 있는 것처럼 여유롭거나, 낙오자의 넋두리를 들어줄 만큼 너그럽질 못하다. 그저 앞만 보고 달릴 뿐이다.

시간을 잃는다는 것은 모든 것을 잃는다는 것과도 다를 바 없다. 삶의 모든 것이 시간에서 비롯되기 때문이다. 약속을 지키지 못하면 신뢰를 잃고 배격을 당할 것이며, 시간에 충실하지 못하면 그에 상응하는 대가를 치르게 될 것이다. 공정한 시간은 그 누구에게나 동등한 기회를 부여하고 그에 따르는 결과를 냉정하게 검증하는 시험대이다. 돌이킬 수 없는 시간 앞에서 때늦은 참회의 눈물을 흘리고 머리를 조아린들 소용이 없다. 번복하질 않는 시간은 현재의 입장에서 과거를 심판하고 판정에 따라 미래를 집행할 뿐이다.

시간의 여행이라고 할 수 있는 삶의 길목에는 달콤한 유혹들이 도사리고 있다. 한눈을 파는 사이 잠재되어 있는 본능의 끼를 자극하며 발목을 잡는 호기심이 그것이다. 기대심리를 미끼로 삼아 스스로 시간의 함정에 빠져들게 함으로써, 결국엔 시간의 소중한 가치를 말살해버리는 시간의 바이러스와도 같다.

'신체적 유혹'은 말초신경을 충동질하여 충족과 쾌락을 부추긴다. 쾌락에 빠진 육체의 노예가 되어 정신은 황폐화되고, 한순간 짜릿했던 전율의 후유증은 허탈함뿐이다.

또한 '심리적 유혹'은 호기심과 흥분을 유발시키며 상대적 근성을 이끌어 낸다. 심취한 마음이 오기를 부리게 함으로써, 시간의 덫에 스스로를 옭아매버리게 하는 것이다. 풀릴 듯 풀리지 않는 게임처럼 미로 속에 빠진 마음을 애태우며, 이를 속 시원히 풀고 나오지 못하는 한, 송수증이 나서 좀이 쑤시는 현상을 일으킨다. 이에 집착하게 되는 심리는 집요한 근성으로 오기를 부리며 만사를 젖혀놓음으로써, 현실적 자기 상실이라는 버림을 자초하게 된다. 그렇게 시간을 탕진하고 남는 것은 허무함이다.

그리고 '심신적인 유혹'이란 몸과 마음이 합의일체가 되어 현실을 도외시하며, 만사가 귀찮다는 듯이 아예 늘어져버리는 게으름을 뜻한다. 의욕을 상실한 채 모든 일을 마지못해 하며, 시간에 질질 끌려가는 형태이다. 결국에 가서는 인생에 낙오자가 되어 남는 것은 후회뿐이다.

따라서 '시간을 마음대로 해도 된다.'는 생각은 위험한 발상이다. 때로는 인간이 시간의 흡수력에 의하여 자제력을 잃고 서서히 빨려들 수도 있다는 사실을 알아야 한다. 지구가 왜 그쪽으로만 돌아야하는가를 생각해보라. 이유는 간단하다. 지구가 시공간에 던져질 때, 상황의 여건에 의하여 처음부터 그쪽으로 돌기 시작했기 때문이며, 멈출 수 없는 것은 시간 속에 존재하는 관성의 법칙에서 벗어날 수가 없기 때문이다. 시간 속에서의 모든 선택과 시작이 그만큼 중요하다는 것을 의미한다. 마음에 썩 내키지 않는 일이라도, 일단 시작을 하고 당면한 문제에 봉착하게 되면 심리적 근성이 반사적으로 대응을 하면서 서서히 고착화되어지는 현상이다. 처음에서 끝을 향하는 시간의 근성에 자제력을 잃은 심리가 시간에 말려들면, 통제력을 상실한 심리가 시간에 흡수되어 끌려가는 경우가 발생한다. 여기에서의 처음이란 자신의 자의적 선택이며, 끝이란 충만을 요구하는 시간적 포만감이 싫증을 느껴 시들어질 때까지를 의미한다.

이를테면 여흥에 빠져 한참 노는 아이를 잠잘 시간이 되었다고 하여 억지로 재우기가 힘이 들고, 일어날 시간이 되었다고 하여 한참 자고 있는 아이를 억지로 깨우기가 힘든 것과도 같다. 또한 어떠한 일에 몰입을 하면 시간이 가는 줄을 모르고, 하던 일을 멈추고 쉬었다가 다시 그 일을 시작하려면 귀찮아지는 것과도 같다. 이처럼 인간이 시간에 흡수되면 시간의 최면상태에 빠져, 흐르는 시간을 의식하지 못하고 시간에 뒤섞여 빨려갈 뿐이다.

또한 위성들이 '자전과 공전' 의 '이동할 궤도와 주기의 속도' 를 고수하고 있다는 것은, 처음 선택되어진 공간의 진로방향과 속도의 주기인 시간으로부터 벗어나지 못하고 있음을 뜻한다. 인간의 삶 역시도, 자신의 입장과 선택에 따라 삶의 노선과도 같은 삶의 궤도와 생활패턴과도 같은 삶의 주기가 형성된다는 점이다.

그러나 삶에는 주변의 여건이나 환경에 따라 변수가 작용한다. 따라서 자신의 의도대로 이루어지는 일은 그리 많질 않다. 돌발적인 상황이 발생함에 따라 계획에 차질이 빚어지면 자신의 궤도를 수정하게 되는 것이다. 피치 못할 사정으로 생각지도 않았던 궤도에 들어서게 된 것이 계기가 되어 뜻하지 못했던 우연과 마주치기도 한다. 따라서 우연한 계기에 우연히 만난 사람이 인생에 동반자가 되기도 하고, 우연한 기회로 시작한 일이 자신의 직업이 되기도 하며, 어쩔 수 없는 처지의 상황이 자신의 운명이 되기도 한다. 그렇게 가는 길이 삶의 궤도가 되며, 그 굴레의 범주를 맴도는 것이 삶의 주기가 되는 것이다. 미래는 아무도 예측할 수 없다지만, 인생을 무작정 헤매는 사람은 없다. 자신이 처해있는 현실에서 자신이 당장 해야 할 일 정도는 알고 있다는 뜻이다. 그러한 까닭에, 당면한 현실이 지향하는 시간의 궤도 속으로 빨려갈 수밖에 없는 이유가 된다.

좀처럼 벗어날 수 없는 알코올중독이나 상습적인 도박증세도 대수롭지 않은 시작에서 비롯되었을 것이다. 버리지 못하는 버릇이나, 습관적으로 빠져드는 컴퓨터게임도 마찬가지이다. '이래서는 안 되는데~' 하는 것은 마음뿐이다. 때만 되면, 자신도 모르게 자꾸만 빨려드는 현상은 순간적 충동감이나 유혹을 뿌리치지 못하고 섣불리 뛰어들었다가, 심리적 고갈을 자극하는 시간의 궤도주기 속으로 자신이 빠져들었음을 그 원인으로 들 수가 있다. 따라서 그 무언가를 시작하기에 앞서 자신이 시간을 자의적으로 통제하지 못하면, 그 궤도를 따라 도는 시간의 통제권 속으로 쉽게 휘말려들고 만다는 점을 유의해야 한다. 일단 시간의 흡수성 속으로 휘말려버린 인간의 심리를 다시 떼어내기란 의지만으로 되는 일이 아니다. 시간의 주기적 반복에 길들여진 상태에서 습관적으로 나타나는 행위나 극심한 심리적 충동을 차단하기 위해서는, 현재의 사고방식이나 틀에서 벗어나려는 노력과 함께, 새로운 의식을 고취시켜나갈 수 있는 혁신적인 분위기의 가변성이 요구된다.

시간은 리듬감을 준다. 주기적으로 바뀌는 계절이 리듬적이며, 간간히 불어오는 바람에 나뭇가지가 흔들거리는 것처럼, 바닷물이 리듬에 맞춰 주기적인 파도를 연출해 낸다. 인간의 정서를 정화시키는 음악이 리듬적이고, 심장의 박동이 리듬에 맞춰 살아 뛴다. 뿐만 아니라, 하루의 일과 속에서도 자신의 역량이 최대한 발휘되는 최고조의 시간과, 아무리 노력을 하여도 집중이 되지 않는 최저조의 시간이 존재한다. 이러한 신체의 리듬 또한 타고난 자신의 구조가 주기적인 자연의 이치와, 시간의 주기성에 어우러져 연출해 내는 생체적 조화라고 할 수 있다. 생체리듬에 있어서도 주행성과 야행성으로 나누어지며, 고조되는 주기에 따라 능률적 효율성이 구체화된다.

생체리듬이란 자연의 이치와도 같다. 욕심이 앞선 의욕만 가지고 일을 밀어 붙인다는 것은, 마치 거센 바람이나 물살을 거슬러 올라가려는 무모함에 불과하기 때문에 쉽게 지치고 만다. 일이란 많은 시간 동안 하는 것이 중요한 것이 아니라 성취도가 높아야 한다. 따라서 시간의 효율성을 극대화하기 위해서는 자신의 생체리듬이 가장 활달한 주기를 면밀히 분석하고, 자신에게 맞는 최고조의 그 시간대를 찾아 리듬감각을 적극 활용하는 것이 중요하다. 일에 있어서 리듬감각을 활용하는 것은, 집중력이 증대되어 능률적이며, 보다 높은 효과를 기대할 수 있다.

삶은 소리 없이 흐르는 시간 속에 머무름이다. 그러다보니, 마치 모든 것이 정체되어 있는 듯한 착각을 불러일으키기 쉽다. 따라서 삶 또한 자신이 살아있음을 자각하지 않는 한, 그 존재는 살아있는 죽음처럼 시간 속에 묻히고 만다. 정체된 시간 위에 맥없이 떠있는 삶의 형태가 빈 공간을 표류하고 있는 듯한 현상을 일으키는 것이다. 이처럼 속절없는 삶이 시간을 망각하고 있을 때 덧없는 세월의 무상함에 빠지지만, 바로 그 시간들이 의욕을 상실한 상태라는 것을 미처 깨닫지 못한다. 최선을 다한 자의 휴식은 달콤한 법이다. 따라서 자신의 삶이 허망하다든가 무료하게 느껴진다면, 그것은 자신이 소중한 시간의 궤도를 벗어나, 소외감을 느끼고 있다는 것을 자각해야 한다. 물론, 뜻대로 되지 않는 드센 세상을 홀로 헤쳐 나간다는 것이 결코 쉬운 일은 아닐 것이다. 그렇다고 해서, 맥을 놓은 상태로 인생을 표류할 수만은 없질 않는가. 세파에 시달리다 지치서 잠시 쉬어 가는 것은 좋으나, 넋을 놓아서는 안 된다. 의욕을 상실한 채, 시간에 떠밀려 정처 없이 가다보면, 현실에서조차 밀려나고 마는 것이 인생이기 때문이다.

삶을 지치게 하는 것은 지나친 과욕이다. 대부분의 사람들이 완벽을 추구하지만, 이 세상에는 완벽이란 존재할 수 없음을 깨달아야 한다. 완벽이란 더 할 것이 없음을 뜻한다. 이 세상에 완벽이 존재한다면, 더 이상 바랄 것이 없는 이 세상이, 더 이상 존재할 이유도 없다는 것을 의미한다. 따라서 이 세상에서의 완벽이란, 그저 아쉬울 것이 없는 '이상' 그 자체일 뿐이다. 이상이란, 눈앞에 아른거리는 동경의 세계로써 마음을 은근히 매혹하는 삶의 지표와도 같다. 벗어날 수 없는 그 기대감에 이끌려 모진 시련 속에서도 꿈을 잃지 않는 것이, 바로 삶이 지닌 시간의 의미인 것이다.

시간은 말이 없다. 과거에 대한 평가를 현재에 처해있는 상황으로 답할 뿐이다. 그리고 지난날 자신의 과오에 대해서도 일말의 양심에 맡기며, 스스로 판단하고 참회할 수 있도록 관용을 베푸는 것이다. 현재를 위해 존재했던 과거는 지나갔다. 다시 한 번 기회를 주듯이, 현재에서 새로운 미래를 제시해주고 있는 시간을 정중히 맞이하라. 자신의 존재를 떠받치고 있는 시간을 더 이상 조롱하고 무시한다면, 결국 버림을 받는 것은 자신뿐이다. 혹독한 현실 앞에 비록 처참한 처지일지라도, 아직 시간이 남아있다는 것은, 아직도 기회가 남아있다는 것을 뜻한다. 기회란 자신이 도약할 수 있는 절호의 찬스이다. 삶에 있어서 그보다 더한 값진 선물은 없다. 따라서 이를 묵살하고 소중한 시간을 허비한다는 것은 자신을 포기하는 것이나 다름이 없다. 진정으로 자신을 사랑한다면, 시간을 자신처럼 대하라. 시간의 배려 속에 자신이 존재함을 항상 감사하고, 삶을 베풀어주는 시간에게 보답하는 마음으로 최선을 다

한다면, 시간이 자신을 학대하고 무시하듯 내치지는 않을 것이다.

지나간 시간은 다가올 시간에 대한 가르침의 시간이었다. 과거에 비추어 미래를 조명해보라. 당신이 살아온 시간의 흔적이 당신에 현재의 모습을 말해주고 있다. 불만이 없다면 두말할 나위가 없겠지만, 아쉬움이 남아 있다면 최선을 다하지 못했다는 것이요, 최선을 다했음에도 일이 잘 풀리지 않았다면 그것은 선택과 방법이 잘못된 탓일 것이다. 그것을 오늘에서야 비로써 느낄 수 있듯이, 오늘에 대한 평가는 그 여파가 미칠 미래의 몫이다. 현재로서는 최선을 다하는 수밖에 없다. 갈등을 통하여 기회를 포착하고, 결단을 통하여 의지를 표명했다면, 오늘에 할 일은 시간과의 약속이다. 할 일을 미루고 회피하는 만큼 시간의 철저함은 우선권을 박탈한다. 시간이란 되돌릴 수 없는 단한번의 기회이다. 지금 이 순간에도 시간의 원리는 바삐 돌아가고 있다. 우주의 행성이나 자연의 이치도 시간의 원리를 따라 분주하게 움직인다. 한가롭게 팔자타령이나 하면서 운명을 기다리는 어리석음은 저지르지 말라. 시간이 당신을 가치 없이 소모시키기 전에, 당신이 시간을 가치 있게 써야 한다. 더 이상 미룰 이유가 없다. 오늘을 어떻게 받아들이고 어떻게 보내느냐에 따라서, 오늘은 미래의 버팀목이 될 수도 있고, 오늘은 미래의 걸림돌이 될 수도 있다는 사실을 결코 잊으면 안 된다.

오늘은 내일을 향하고 있듯이, 오늘이란 언제까지나 머무를 수 있는 자리가 아니라 순간적으로 스쳐가는 미래의 과거일 뿐이다. 따라서 스쳐가는 오늘에 모든 것을 의지하고 연연함이 그 얼마나 부질없는 지를 깨달아야 한다. 내일이면 사라질 오늘을 박차고 높이 날아 멀리 보라. 미래를 향한 그 길에는 건너야 할 물이 보이고, 넘어야 할 산이 보일 것이다. 그것이 난관이다. 물을 건너기 위해서는 물에 발을 적실 각오를 하고, 산을 넘기 위해서는 땀을 흘릴 각오를 한다면, 두려울 것이 없음으로 망설일 필요도 없을 것이다. 요행을 기다리듯 완벽한 기회를 기다리다가 일생을 허비하고 망쳐버리지는 짓은 말아야 한다.

인생은 길고 시간은 많다고 자만하지 말라. 지나치고 나면 시간보다 빠른 것은 없음을 느낄 때, 이미 때는 늦었음을 느끼게 될 뿐이다. 따라서 돈이나 명예도, 시간보다는 소중하질 못하다. 삶이란 살아가는 시간을 제공받는 대가로 자신의 목숨을 내주어야 하기 때문이다. 자신의 수명을 지불하며 살아가는 시간을 헛되이 보낸다면, 이보다 더한 사치는 없을 것이며, 엄청난 대가를 지불하고도 자멸을 자초하는 격이 되고 말 것이다. 지금 이 순간에도 흐르는 시간이 당신의 수명을 소모시키고 있다는 사실을 알라. 그 얼마나 기막힌 시간인가.

나무에 매달려있던 열매가 맥없이 떨어지듯이, 언젠가는 수명이 다해 말라비틀어질 몸뚱어리에서 당신의 정신이 맥없이 떨어져 나갈 것이다. 그날이 오기 전에, 당신에게 남겨진 시간의 의미를 다시 한 번 생각해보라.

나는 새와
날지 못하는 새

나는 새와 날지 못하는 새

끝없는 하늘을 바라보며 둥지에서 나온 어린 새들이 날갯짓을 한다. 추락에 대한 두려움을 느끼면서도, 하늘로 날아오르고 싶다는 욕망을 억누르지 못하고, 태어나서 처음으로 나는 연습을 하는 것이다. 몇 날을 망설이다가 이윽고, 그 중에 한 마리가 과감하게 허공에 몸을 던지며 하늘로의 비상을 시도한다. 이에 자극을 받은 다른 녀석들이 그 뒤를 따라 허둥대던 몸을 허공에 던진다. 그러나 처녀비행에 나선 어린 새들 중에는, 비록 멀리 가지는 못하지만 제법 잘 나는 녀석이 있는가 하면은, 겁에 질려 제대로 날아보기도 전에 중심을 잃고 바닥에 처박히는 녀석도 있다. 하지만 녀석들은 절대로 포기하지 않는다. 실패를 거듭할수록 두려움이 사라지면서, 자신도 날 수 있다는 자신감을 갖기 때문이다. 두려움을 극복한 어린 새들의 강인한 의지에 의하여 결국엔 하늘이 그들에게 정복당하고 마는 것이다.

그러나, 같은 새이면서도 타조나 닭은 날지를 못 한다. 아예 하늘을 체념하고 살아감으로써 그들의 날개는 퇴화되어 버렸다. 그러므로 그들은 새로서의 존재가치를 상실하고 만 것이다.

세상의 섭리와 이치는 새들에게 넓은 하늘을 내 준 대신 강인한 이빨을 주지 않았다. 그저 적당한 것을 채갈 수 있도록 날카로운 발톱과 부리만을 주었을 뿐이다. 땅위에 사는 다수의 생명체를 새들로부터 보호하기 위해서다. 만약에 새들에게 표독스런 공격성과 막강한 힘까지 주었다면, 땅위의 생명체는 결코 살아남을 수가 없었을 것이다. 그 대신 날지를 못하는 육지의 동물에게는 자신을 지킬 수 있도록 강인한 힘과 이빨을 부여한 것이다. 그리고 연약한 새들은 강한 힘 대신에 육지의 강한 동물들의 공격으로부터 벗어날 수 있는 자유의 상징인 날개를 달아준 것이다.

하지만 타조나 닭은 날개를 단 같은 새이면서도 하늘을 체념한 까닭에, 자유를 잃고 인간에게 잡혀 살거나, 육지의 표독스런 동물로부터 잡혀 먹히지 않기 위하여 평생을 쫓겨 다니는 신세가 되고 말았다. 그들은 스스로의 체념으로 자신들이 달고 있는 날개의 의미를 망각함으로써 진정한 자신들의 세계를 잃어버린 것이다.

이와 같이 '나는 새와 날지 못하는 새' 의 엄청난 차이는 자기 암시적인 작은 사고로부터 시작된다. 이는, 긍정적 사고와 부정적 사고로 나누어진다. 즉, 할 수 있다는 자신감과, 할 수 없다는 체념이다. 긍정적 사고를 가지고 할 수 있다고 노력한 어린 새는 하늘로 날아올랐다. 그러나 부정적 사고를 가지고 할 수 없다고 체념한 타조와 닭은 평생 땅바닥을 헤매며 쫓기는 신세가 되었듯이, 사고방식에 의하여 자신의 운명이 완전히 뒤바뀌어 버린다는 뜻이다.

인간에게도 날개가 있다. 그것은 다름 아닌 꿈과 이상이다. 우리는 그것을 통하여 자유롭게 비상할 수 있는 것이다. 그러자면 어린 새들과 마찬가지로 긍정적인 사고를 갖고 '나도 할 수 있다'는 자신감과 의지를 가져야 한다.

하지만 선택의 기로에 서서 과감히 용단을 내리기란 결코 쉬운 일이 아니다. 긍정적 사고 뒤에는 반드시 부정적 사고가 끼어들어 자신의 도전을 능멸이라도 하듯이, 한사코 이를 말리며 협박과도 같은 위협을 가하기 때문이다. 새로운 도전에는 반드시 치러내야 하는 위험부담과 어느 정도의 자기희생을 각오해야 한다는 사실이다.

작은 새가 하늘을 날기 위하여 자신의 몸을 허공에 던지듯이, 최악의 경우엔 어린 새의 목숨을 빼앗아 갈 수도 있다는 것이 도전 그 자체이기 때문이다. 이처럼 인간이 도전을 망설이고 주저하는 것은 자신이 자신을 확신할 수 없다는 이유에서이다. 이 세상 이전에 자신이 어디서부터 온 누구인지를 모르듯이, 자신이 자신을 잘 알고 있는 것 같으면서도, 사실상 자신이 자신을 알지 못하는 것이 인간이란 존재이다. 그렇기 때문에 자신이 어떻게 살아가야 할지를 명확히 알 수 없으며, 자신에 대한 능력이나 가능성 또한 전혀 가늠할 수가 없다. 그렇다고 해서 맹목적인 삶을 막연하게 살아간다는 것은, 마치 어둠 속을 헤매는 것이나 다름이 없으며 따분하다는 생각밖에 들지 않을 것이다. 그러므로 막연한 삶 속에서 진정한 삶의 가치를 창출하기 위하여 과연 어떻게 살아갈 것인가에 대한 삶에 지표를 설정하고 추구해야 하는 것이 인간의 사고적 방식이다.

삶이란 의식이 살아있는 상태를 뜻한다. 자신이 어떠한 의식을 가지고, 어떻게 행동하느냐에 따라서 그 운명이 결정지어지는 것이다. 이상적인 삶을 위해서는 우선 자신의 가치관이 명확히 확립되어야 하며, 그에 따른 삶의 목표가 뚜렷이 설정되어야 한다. 꿈과 희망을 향한 인생의 설계도와도 같은 이러한 의식적 사고방식에 의하여 자신의 삶에 의미가 부여되고 가치가 형성되기 때문이다.

또한 자신의 성취를 향한 가능성이란, 열망적인 발상으로부터 '꼭 도달하고야 말겠다.' 는 강인한 의지와 결단력을 요구한다. 힘든 자신과의 싸움에서 할 수 없다는 부정을 몰아내고, 할 수 있다는 긍정을 고취함으로써, 무엇보다 자신에 대한 굳은 신념을 갖아야 한다. 그러기 위해서는 실패를 두려워해서는 안 된다.

사람이 신이 아닌 이상 완전무결할 수는 없다. 실패란 시행착오에 불과하다. 잘못된 점에 대하여 일침을 가한다고 실패를 거부하면 기회는 오지 않는다. 때문에 실패를 경험으로 받아들이는 자세가 필요하다.

새로운 방법을 모색하라. 잘못된 것을 바로 수정하고 최선을 다하면 된다는 담력과 용기를 갖아야 한다. 인간이 실패에 패배감을 느끼는 것은 완벽한 성공만을 추구할 뿐, 실패를 인정하지 않으려는 편견 때문이다. 실패를 절망으로 받아들이면, 마치 모든 것이 끝장난 것처럼 암담할 따름이다. 비통하고 참담한 심정으로 스스로를 자책한들 절망에는 희망이 없다.

실패의 진정한 뜻은 잘못된 인식을 지적하고 바로잡으라는 뜻이다. 이를 자신에 대한 충고로 받아들인다면 깨우침을 얻겠지만, 이를 자신의 책임을 추궁하는 야속한 힐책으로만 받아들인다면, 자괴감을 느낀 나머지 극단적인 생각에 이르는 것이다.

성공의 가치는 실패율이 클수록 높은 것이다. 따라서 가치 있는 성공을 위하여서라면 실패의 두려움이 몰고 올 스릴을 즐길 줄도 알아야 한다. 실패라는 두려움만을 의식하다보면 그 무엇도 시도하지 못할 것이다. 따라서 어느 정도의 시행착오는 각오를 하고 일을 차근차근 풀어나가는 것이 좋다. 욕심이 과하여 크게 먹겠다고 자신의 전체를 거는 것은 도박에 불과하다. 인생은 도박의 대상이 아니다. 이상을 향하여 해법을 찾아 단계적으로 풀어나가는 수리적인 방정식과도 같다. 일에 대한 성격이나 원리에 입각하여 자신의 독창적인 창의력과 의지를 대입시킴으로써 최대치의 절대 값을 구해내야 하는 고뇌적인 작업인 것이다. 따라서 실패란 문제를 풀어감에 있어서 문제의 핵심을 정확히 이해하지 못하고, 임의적인 상태에서 대강 두들겨 맞추려는 성급함에서 드러나는 모순과도 같다. 침착한 마음으로 잘못된 원인을 냉철히 분석하고 합리적인 방법을 모색해 나가는 것만이 문제를 풀어 가는 지름길이다. 실패에 따른 반발적인 오기나 자존심만으로 결코 문제가 풀리지 않는다는 것을 명심해야 할 것이다.

성공한 사람과 그렇지 못한 사람과의 현격한 차이는 능력이 있고 없는 것을 따지기 전에, 실패에 대한 인식과 견해의 차이에서 비롯된다. 즉, 실패를 성공을 푸는 열쇠로 보는 시각과, 실패를 완전한 패배로 속단하고 마는 시각의 차이이다. 똑같은 상황적 입장에서 '어떻게 보고 느끼느냐' 하는 사고방식 하나가 그 사람의 일생을 바꾸어놓는 계기가 된다. 따라서 실패를 마주했을 때 '당했다' 는 패배의식으로 받아들일 것이 아니라, 끝까지 해보자는 근성으로 대해야 한다.

인간이 성공에 도전한다는 것은 무의미함에서 희소성이 주는 높은 값을 구하기 위함이며, 고갈심리를 해소하고 성취감이 주는 희열을 느끼기 위함이다. 따라서 성공이란 삶에 의미를 부여하는 희망이란 이름으로 그 가치를 뽐내며 인간의 심리를 유혹한다. 뿐만 아니라, 성공은 자신의 도도함을 지키기 위해 실패라는 복병을 내세워 함부로 자신을 넘보지 못하게 하는 것이다. 성공의 수문장과도 같은 위험과 실패가 버티고 있기에 성공의 가치가 돋보이는 것인지도 모른다.

철통같은 높은 담이 대변하듯 외부인의 출입이 철저히 통제된 공장 지대에서 보았던 일이다.

어느 보험모집인의 중년여인이 수위실 앞에서 그곳의 근무자인 수위들과 정겨운 대화를 나누고 있었다. 멀리서 보아도 하루 이틀 알고 지낸 사이가 아닌 듯싶다. 잠시 후, 점심시간이 되자 공장의 종사자들이 점심식사를 하기 위하여 공장 내에 있는 구내식당으로 일시에 몰려들기 시작했다. 그 틈을 타서 외부인이 다른 목적으로 접근하자, 수위들은 두 손을 내저으며 그를 쫓아냈다. 그러나 그 보험모집인은 마치 자신의 집 안마당에 들어서 듯, 식당 앞 벤치로 가더니 그 곳의 종사자들을 자연스럽게 만나고 있었다. 대다수의 종사자들 또한, 하루 이틀 알고 지낸 사이가 아닌 듯이 서로 반갑게 인사를 하고 즐거워하는 표정들이다. 공장의 간부급인 듯 나이가 지긋하고 점잖아 보이는 사람들과도 가볍게 인사를 하는 것으로 보아 서로 안면이 있는 것 같다. 보험모집인은 식사 전과 후에 자신의 앞으로 모여드는 사람들을 번갈아 만나가면서 무척이나 바빠 분주한 모습이다. 한참을 지난 후 점심시간 종료를 알리는 벨이 울리자, 종사자들이 자신의 위치를 찾아 뿔뿔이 공장 안으로 들어갔다. 보험모집인은 벤치에 혼자 남아 정리한 서류들을 챙겨들더니, 다시금 수위실로 돌아와 답례인사를 하고 밝은 표정으로 그 곳을 빠져나왔다. 수위들이 웃는 낯으로 손을 흔들며 그녀를 환송해준다.

박수라도 쳐주고 싶을 만큼, 완전한 보험모집인의 독무대였다. 그러기 위해서 그 얼마나 많은 노력이 필요했을까. '통제구역' 이라고 씌어 있는 푯말이 무색할 지경이다. 불가능이라는 뜻의 그 푯말을 허물기 위한 도발적 발상부터가 기발하였고, 배격적일 수밖에 없는 수위의 마음을 허물어트린 끈질긴 의지가 가상하며, 인간적인 측면으로 그 곳 종사자들의 마음을 열어젖힌 열의가 대단하다.

하지만 그녀도 매너를 지켰다는 사실을 알 수 있다. 자신의 목적을 달성함에 있어서 공장의 업무시간을 침해하지 않았으며, 공장건물 내로 들어가지 않았다는 점이다. 그녀가 그 곳에서 많은 노력을 투자해 얻은 것은 서로의 입장을 침해하지 않은 융통성뿐이다. 그렇지만 의지의 노력이란 아주 작은 것도 크게 만드는 힘을 발휘한다. 치열한 경쟁사회에서 할 수 있다는 의지 하나만으로 모든 상황을 반전시킨 결과이다.

자신의 접근을 막았던 수위를 자신의 시장을 굳세게 지켜주는 사람으로 만들었고, 점심시간을 독점하여 최소의 시간으로 최대의 효율적 가치를 창출함과 동시에, 공장의 종사자들과 유대를 형성하여 자신의 영업에 도움을 주는 협력자로 이룩해냄으로써, 적지를 자신의 아성과도 같은 보물창고로 만든 것이다.

평생을 기다려도 기회는 저절로 오지 않는다. 도전을 통해서만 얻을 수 있는 것이 도전의 가치인 가능성이다. 또한 당면한 문제를 풀어감에 있어서도, 과연 어떠한 시각으로 어떻게 보느냐에 따라 그에 대한 가치관이 달라진다. 보험모집인의 경우와 같이 새로운 발상과 의식구조의 개혁을 통해서 자신의 가치를 새롭게 창출하려는 노력이 필요하다.

다른 사람들이 그 공장의 높은 담과 근무의 성격상 배격적일 수밖에 없는 수위의 거부감을 의식하고 있을 때, 그는 공장 내에 잠재되어 있는 커다란 시장의 가능성을 공략할 생각만을 하였을 것이다.

다른 사람들이 그 공장 내의 영업여건이 좋지 않아 노력해봐야 되지도 않을 것이라고 속단하고 있을 때, 그는 공장의 담보다도 높고 두터운 근무자들의 마음에 벽을 뚫기 위하여 어떻게 접근할 것인가에 대하여 부단한 연구를 하였을 것이다.

다른 사람들이 평범한 곳을 찾아다니며 보편적인 확률게임을 하고 다닐 때, 그는 보다 높은 가치를 창출할 수 있다는 확고한 신념으로 수위실의 냉대와 공장 종사자들의 경계 심리를 타파하기 위한 피나는 노력을 기했을 것이다. 이를 가능케 한 것은 인간의 정신력이다. 남들과 똑같은 방법으로 일을 추진한다면 남들보다 나아질 것이 하나도 없다. 그것은 단지 남을 모방한 답습에 불과하다. 따라서 남들과 달리 보다 나은 승리자가 되기 위해서는 남들이 모방할 수 없는 창의력이 필요하고, 이를 밀어붙일 수 있는 의지적 결단력이 필요하다. 모든 일을 상상력에만 의존하면 안 된다. 생각나는 대로 돌고 도는 상상력의 끝에는 부정이 도사리고 있기 때문이다. 또한 이 세상은 자신이 생각하는 것처럼 정석으로만 통하는 것이 아니다. 자신이 성장하면서 배워온 그 정석들을 상황에 따라 어떻게 응용하고 적용하느냐에 따라서 승패가 결정될 뿐이다.

일단 부딪쳐라. 그것만이 가능성을 제시한다. 앞을 헤쳐 나가며 봉착하는 상황이나 문제에 대해서는 소신껏 대처해나가는 것만이 최선이다. 일이란 최선을 다하고 결과에 깨끗이 승복한다는 심정으로 임해야 한다. 바람에 질까봐 꽃을 피우지 못한다면 그것은 꽃나무가 아니듯이,

실패가 두려워 도전하지 못한다면 결코 이룰 수 없는 것이 성공이다. 비바람을 이겨내는 의지적 집념으로 꽃이 피듯이, 난관을 극복하고 시련을 이겨냈을 때 진정한 승리를 거머쥘 수가 있다. 실패를 너무도 의식한 나머지, 시작도 해보기 전에 겁에 질려 체념에 빠진다면 '날지 못하는 새' 가 되고 말 것이다. 나약한 자신의 사고방식을 바꾸지 않는 한, 누군가에 의존하는 삶을 살거나 쫓기는 듯이 비겁한 인생을 살 수밖에는 없다.

우리의 인생은 단 한번 밖에 살수가 없다. 너무도 소중한 삶이기에 그 가치를 따질 수도 없는 것이다. 그러기에 조물주조차도 삶의 가치를 책정하지 못하고, 그것만큼은 인생을 살아가며 스스로 찾으라고 하는 것인지도 모를 일이다. 인간은 자신의 가치를 구하기 위하여 인생을 방황한다. 인생에 있어서 진정한 자신의 가치를 구하려거든 자신을 자신 속에 가두어 두지 말고, 자신을 세상 밖 고생 속으로 내몰아라. 그 고생 속에서 자신의 능력을 발휘하여 역경을 딛고 일어섰을 때, 비로소 뿌듯한 희열을 만끽할 수 있으리라.

단 한번뿐인 인생이라고 자신을 너무 두둔하고 구차하게 몸을 사리다 보면, 오히려 '날지 못하는 새' 가 되어 생존에 급급한 삶의 노예로 전락하고 말 것이다. 이는 자신을 진정으로 아끼는 것이 아니라, 단 한번뿐인 인생을 스스로 비참하게 망가트리는 짓이라는 점을 명심하라. 정녕 자신을 위한다면, 자신을 겁으로 감싸지 말고, 용기 있는 마음으로 스스로를 이겨낼 수 있도록 냉정하게 대하라. 비록 추락에 대한 두려움이 앞설지라도, 두근거리는 가슴을 세상에 드러내고 의지에 날개를 펴야 한다. '할 수 있다' 는 신념을 갖아라. 보다 높은 이상으로 비상하기 위해서는 가능성을 향해 자신을 과감히 던질 줄 알아야 하는 것이다.

당신이 새라면 '나는 새와 날지 못하는 새' 중에, 과연 어떠한 삶을 살아가겠는가. 그에 대한 해답은 당신이 마음먹고 실천하기에 달려 있다.

모든 것은
진리로 향한다

모든 것은 진리로 향한다

책가방을 맨 어린 아이들이 등 떠밀리듯이 집을 나선다. 그렇게 시작된 배움에 길은 평생이 가도록 끝이 없고, 부모들은 이를 뒷바라지 하느라고 허리가 휜다. 코피가 터지고 허리가 휘도록 인간은 왜 그토록 악착같이 배워야 하는가. 그것은 인간이 인간답게 살기 위해서는 진리를 거부할 수가 없기 때문이다.

인간의 문명을 뒤바꿔놓은 것은 전쟁이었다. 전쟁은 인간의 생명은 물론, 문명까지도 철저히 파괴하고 재건시키는 막강한 힘이 있다. 비인간적인 측면이 낡은 것들을 걷어내고, 새로운 가치와 문명을 창출해내는 것이다. 과거 힘의 논리가 지배했던 침탈의 시대를 거치면서 칼과 창은, 총과 대포가 나옴으로써 사라져버렸다. 현대는 엄청난 파괴력에 정확도를 뽐내는 최첨단 무기들의 개발로 인하여 총과 대포마저도 구시대의 유물로 사장될 판이다. 그러다보니 백만의 대군도 필요가 없는 시대가 되었다. 작동스위치 하나만 누르면, 지구 끝 그 어디라도 핵폭탄이 단번에 날아가 초전박살을 내는 시대가 되었기 때문이다. 또한, 우주에 떠있는 감시용 인공위성은 시시각각 변하고 있는 전 세계의 일거수일투족을 주시하고 있다. 전쟁의 폐허가 스쳐간 그 자리에 고층건물이 들어섰고, 시원하게 뚫린 넓은 도로에는 고급승용차들로 넘쳐난다. 그밖에도 핵발전소, 중장비산업, 우주산업, 항공과 선박, 교통, 통신, 전자, 의료등 대부분의 모든 산업들이 거듭되는 전쟁을 거울삼아, 이에 적극적으로 대처하고자 하는 발상에 자극을 받아서 도약적인 발전을 하게 되었다고 해도 과언이 아니다.

또한, 컴퓨터와 인터넷이 일상화 되면서 모든 정보나 표현이 국경이나 지역을 초월하여 실시간으로 전해진다. 알고 싶은 것이 있으면, 그 자리에서 마우스만 클릭하라. 지식정보의 시대가 도래한 것이다.

따져볼 필요도 없다. 엑셀의 자동연산법이 즉각 답을 주리라. 의심할 필요도 없다. 모든 문건이나 기록들이 공증된 상태에서 공유되어 있다. 당신의 ID만 입증해준다면 당신을 보장하고, 알고 싶은 정보에 대하여 정확히 알려주리라. 과학의 발전은 편하다 못해 무서울 정도로 진보했다.

겨우 '0과 1' 밖에 모르는 컴퓨터의 2진법에 의해 수많았던 주산부기학원과 상업학교가 문을 닫았다. 은행이나 회사의 경리과에서도 주판알은 더 이상 필요가 없어졌기 때문이다. 모든 것이 자동화 시스템의 시대이다. 문조차도 사람을 감지하고 알아서 열리고 닫히니, 빌딩의 도어맨이나 버스의 안내양도 사라진지 오래이다. 어디 그뿐인가. 웬만한 일들은 자동화가 되고 로봇이 다해내니 사람의 설자리가 그만큼 사라진 것이다.

인간의 욕망은 그 끝을 헤아릴 수가 없듯이, 인간의 문명은 끝없이 변모해갈 것이다. 알지 못하면 그 문명의 혜택조차도 누릴 수 없듯이.

그러므로 힘의 논리로 세상을 지배하는 시대는 지나갔다. 이제부터는 고도화된 두뇌집단들의 의도에 따라 전 세계인들의 의식구조나 생활패턴이 좌우될 것이며, 경제권 역시도 그들에 의하여 지배될 것이기 때문이다.

모르는 자는 점점 뒤처질 것이다. 정정당당히 살아남기 위해서는 일단 알아야 한다. 노동집약적이거나 구태의연한 재래산업은 도태의 한계를 넘어서 실종되어 가고 있는 실정이다. 또한 구시대의 사고방식으로 통하는 것은 없다. 새로 나온 신제품이 6개월도 제대로 못 버티고 시들어버리는 이 시대에서 오로지 살아남을 수 있는 것은 끊임없는 창의력뿐이다.

인간의 욕망적인 발상이 현재의 수준을 초월한다면, 2진법의 컴퓨터 시대가 사라지고 상상도 못할 새로운 진법의 컴퓨터시대가 등장하여 이 세상을 또다시 뒤바꿔놓을지도 모르는 일이다. 예전에 흑백TV가 사라지고 컬러TV가 등장하였듯이, 그때 즈음 가면, 컬러TV가 사라지고 화질이 실제로 살아 움직이는 듯한 입체TV가 등장할지도 모르며, 물로 가는 자동차를 타고 신호등에 제약을 거의 받지 않는 입체적인 도로를 달리게 될지도 모르는 일이다.

옷이나, 컴퓨터나, 자동차나, MP3나, 핸드폰이나, 기타 가전제품 등이 없어서 구매하는 사람은 거의 없다. 새로운 모델에 획기적이고도 새로운 기능들이 현재의 것을 도태시켜 밀어내기 때문에, 새로운 구매의욕을 불러일으키는 것이다. 미래의 이미지는 새로움이다. 따라서 새로운 창의력만이 미래를 보장받을 수 있다는 논리가 성립된다.

시대의 요구에 따라 부모들의 교육열은 하늘을 치솟고 있다. 학생들 역시도 잘해야 된다는 강박관념에 사로잡혀 헐떡인다. 치열한 경쟁시대에서 밀리지 않으려는 처절함은 마치 회귀본능을 지닌 물고기가 목표에 도달하기 위해 급물살을 기어오르려고 안간힘을 쓰는 것만 같아 보기에도 안타까울 정도이다. 이유를 불문하고 모두들 상류로만 향하고 있는 것이다. 물론 모든 과목을 잘하여 일류로 평가받는 것에 토를 달수는 없다. 그러나 학벌에 매달리는 높은 점수만이 그 사람을 일류로 만들지는 않는다는 사실이다.

앞으로의 시대에서는 모든 것을 잘하는 사람을 바라는 것이 아니라, 단 한 가지를 알더라도 제대로 알고, 그곳에서 응용력을 구사해낼 줄 아는 진취적인 사람을 바라며, 현재의 방식을 답습하는 사람보다도 자기만의 독창적인 방식으로 새로움을 창출해내는 인재를 원한다는 것이다. 즉 현재의 일편적인 효과나 능력보다도 미래의 가능성에 더 많은 희망을 건다는 뜻이다.

사회적 통계를 보더라도 꼭 일류학벌에 최상위득점 출신자들이 각 분야에 최고가 되는 것은 아니다. 일류의 문명을 바꾸어놓은 세계적인 인물들을 보면 오히려 그 반대의 결과가 다발적으로 나타난다. 현대의 획일적인 교육의 결과로 그 사람의 능력이나 적성을 단적으로 규정짓기란 도저히 불가능하다는 뜻이다. 공부를 잘하는 것은 주어진 학습에 답습을 많이 하여 좋은 결과를 얻었다는 것일 뿐, 성격이나 취향에 따르는 특정분야의 고착성과 독창성 그리고 응용력이나 창의력, 탐구력이나 문제에 대한 해법구사능력, 진취력이나 구성능력, 지구력이나 실행능력 등과는 별개의 문제라는 점이다.

따라서 모든 것에 대한 견문이나 견해를 파악하고 있다고 해서 그가 똑똑하고 잘 안다고 꼬집어 말할 수가 없다. 하나를 알더라도 대상의 그 본질을 충분히 이해하고 분석해냄으로써, 그에 대한 문제점이나 잠재적 가능성을 찾아낼 줄 아는 사고능력과 응용능력을 발휘할 수 있을 정도의 전문적 독창성을 갖추었을 때, 비로소 깨달았다고 볼 수가 있다.

가냘픈 선율 하나가 허공을 맴돌면서 희망을 찾아 헤매듯 나풀거린다. 그러나 희망이 보이질 않자, 제풀에 겨워 숨통이 끊어질 듯 바닥에 쓰러져버린다. 이 틈을 놓칠세라 음산하고도 위협적인 소리의 그림자가 야심을 드러내며 그곳으로 다가가는 느낌이다. 바람이 여린 나뭇가지를 흔들어대는 소리를 내며, 그 여린 선율을 흔들어 깨우려고 애를 쓰지만 소용이 없다. 위기의 순간이 감도는 소리가 소용돌이를 일으킨다. 그러자 하늘이 진노한 듯 웅장한 소리가 천지를 흔들어대는가 싶더니, 광명이 비치듯 뻥 뚫린 하늘로 희망이 비친다. 가냘픈 선율이 꿈틀거리더니 자신이 쓰러져 있는 것을 발견하고 깜짝 놀라 하늘높이 치솟아 오르기 시작한다. 가냘픈 선율이 표독스러움에서 벗어나 자유를 찾는 순간 모든 악기들이 자유를 찬미한다.

이를 연상케 하는 아름다운 선율이 관객을 사로잡는다. 그러나 오케스트라의 연주는 혼자 하는 것은 아니다. 각자의 연주자들이 각기의 악기를 들고 지휘자의 지휘봉과 표정에서 우러나오는 선과 감정을 선율로 표출해내는 것이다.

'E=MC제곱' 이라는 아인슈타인의 이 원리적인 공식 하나가 모든 물체의 속에 내재되어 있는 에너지의 무한한 잠재력을 밝혀냈다. 자연의 단조로운 이치에 불과한 이 공식은 전쟁에 악용되어 우라늄 원자폭탄과 수소폭탄 등의 빌미를 제공하였지만, 원자로의 기초가 되어 오늘날의 핵발전소를 만들어내는 초석이 되었다.

피타고라스는 자연의 이치와 맞물린다는 수학을 체계화시킴으로써 실수에서 무리수를 거쳐 도형에 따르는 분산 각의 원리를 이치적으로 입증하였다. 이러한 역학구조에 의하여 오늘날의 거대한 다리의 교각들과 고층건물들이 그 위용을 자랑한다.

또한, 살아 움직이는 동물의 구조적 원리와도 같은, 자동차 한 대가 완성되기까지는 수많은 부속이 필요하다. 그러나 그 많은 부속을 혼자서 담당할 수는 없는 문제이다. 엔진부분부터 나사 하나까지 전문적으로 분담하여 자부심을 갖고 만들어진 제품들이 견고하게 그 형체를 갖추었을 때, 비로소 가장 좋은 차가 탄생하게 된다.

이 모든 업적들이 어느 한 사람의 힘으로 이루어진 것은 하나도 없다. 히로시마에 떨어진 핵폭탄 하나를 개발하는 데도 무려 4500명 정도의 기라성 같은 과학자들이 동원되었다고 한다. 그중에서는 노벨물리학상을 휩쓴 과학자들이 즐비하다. 원리에 입각한 작은 공식 하나가 검증되어 빛을 발하기까지는, 문제를 제기하며 진실을 규명해하려는 많은 탐구자들의 거듭된 실패와 노력이 그 바탕을 이루었기 때문이다. 이 사회 역시도 각자의 역할이 독창적으로 발휘될 때 가장 이상적인 오케스트라의 아름다운 화음이 되고, 원리가 되며, 부속이 되어, 새로운 가치를 창출해 낼 수 있는 토대가 된다.

획일적인 것은 서로가 다르지 않음을 뜻한다. 모두가 같다는 것은 서로가 특색이 없음이다. 서로 부딪치기만 할 뿐 서로 기대할 것이 없다. 발전 가능성도 없다. 미래가 불투명하다. 진부하다. 질리다. 차라리 때려치우고 싶을 뿐이다.

따라서 자신의 진로는 자신의 개성이나 취향에 맞는 방향으로 나가, 전문성을 갖추고 자부심으로 승부하는 것이 바람직하다는 뜻이다. 그러기 위해서는 경쟁을 위한 경쟁적 교육의 성향을 탈피하여, 미래 지향적인 교육의 다양성과 실용성이 우선시 되어야 한다. 상대적 평가를 위한 교육은 좋든 싫든 무조건해야만 하는 학생들을 어쩔 수 없는 사지에 몰아넣고 스트레스만을 유발시킬 수도 있는 문제이다. 이는 실질적이고도 미래지향적인 교육이라고 할 수가 없다. 그러므로 개인의 독창성을 다양하게 수렴할 수 있는 교육의 토대를 마련하기 위해서는 개인의 자율성과 창의성이 진취적으로 발휘될 수 있도록 교육의 폭을 넓히는 방안이 필요하다.

교육은 대학이 인생에 전부인양 경쟁만을 부추길 것이 아니라, 스스로 미래를 찾아갈 수 있도록 다양한 정보를 지속적으로 제공해나가야 한다. 즉, 미래를 설계해야 할, 고등학교의 저학년에서부터 별도의 독립된 정규시간을 아예 배정하여 '미래를 위한 시간' 을 설정해 놓는 것도 좋은 방법이라고 생각한다. 이 시간에는 각 학과들의 전문가들이 초빙되어 자신이 담당하고 있는 학문의 특성이나 비전을 제시하고 자율적인 토론에 들어간다든가, 사회 각 분야의 현직에 있는 사람들로부터 그 분야의 실태나 발전가능성 등 정보를 제공받는다든가, 각 분야의 전문가들로부터 세계의 추세, 시대의 요구, 미래의 전망과 가능성 등의 정보를 제공받아 사고의 폭을 넓혀주고, 다양한 정보를 접한 자신이 특성에 맞는 진로를 준비할 수 있도록 이끌어주는 것도 한 방법이다.

경쟁에만 열을 올리는 현재의 상황에서는 획일적인 교육만 받다가 점수에 밀려 대학을 선택하게 되고, 생소한 학과에 들어가 할 수 없이

다니는 현상이 비일비재하다. 그러다보니, 어쩔 수 없이 다닌 대학의 학벌은 빈껍데기에 불과하다. 막상 사회에 나와서는 엉뚱한 길로 빠지고 전공은 무형지물이 된다. 이는 개인적으로도 불행한 일이지만, 국가적인 차원에서도 비효율적이며 크나큰 손실이 아닐 수가 없다.

인간의 형체나 외모는 비슷하다. 그러나 얼굴의 생김새는 각기 다르다. 성격도 다르며 생각하는 방향도 다르다. 이는, 사람마다 각기 다른 특성을 지니고 있다는 증거가 아니고 무엇이겠는가. 세상에 필요 없는 특성은 존재하지 않는다. 모양새가 각기 다른 것도 자연의 이치이며, 필요에 의하여 생성된 객체라는 것을 알아야 한다. 단지 우리가 이를 속단하는 것은 편견적인 가치기준으로 상대를 바라보기 때문에 상대의 진정한 가치를 알아차리지 못함이다.

근거가 없는 형체는 존재할 수 없다. 자신이 남들과 다르다는 것은, '그것은 자신만이 해낼 수 있다.' 는 그 영적인 직감이 자신의 내면에 내재되어 있다는 증거이다. 그것이 독창성이며 자신의 진정한 가치임을 알아야 한다. 자신의 내면에 묻혀있는 잠재력을 발굴해내려는 노력과 의지만이 세상에 빛을 발할 수 있다. 찾지 않으면 그대로 버려질 것이며, 알려고 하지 않으면 영영 알지 못하는 것 또한 세상의 이치이기 때문이다.

그는 '인간이란 무엇이며 진정한 행복의 가치는 무엇인가.' 를 고뇌하였다. 사람들을 찾아다니며 '너는 왜?' 라는 질문을 수없이 던지지 않았다면 소크라테스가 오늘날까지 기억되지는 못하였을 것이다. 그러나 그는 아무런 답을 찾지 못하였고, 그에 대한 정의를 내리지도 못하였다. 때문에 글 한줄기도 남기지 못하고 죽어버린, 그에 그 같은 고뇌를 플라톤이 '대화편' 을 통하여 후세에 알리지 않았다면 소크라테스는 까마득히 잊어졌을 것이고, 철학이라는 학문 또한 그만큼 후퇴하였을지도 모르는 일이다. 그 당시 '신(神)이라는 존재가 당신에게 왜?' 라는 질문은 '인간의 삶을 규명하려는 탐구적 고뇌' 이기에 앞서, 국가의 신을 모독하고 현실을 부정적으로 선동하고 다니는 부정론자로 몰리기에 충분했다. 따라서 '신의 신성한 권위를 실추시키는 발언으로 젊은 이들을 타락시키고 다닌다.' 는 아테네 시민의 고발에 의하여 재판에 회부된 소크라테스는 사형을 당하고 만다.

그러나 철학의 창시자라고 일컫는 그에 정신은 오늘날에도 뚜렷이 살아있다. 모든 학문들이 진리를 추구하는 철학에서 비롯되었으며, 그가 죽은 오늘날까지도 '왜?' 라는 질문을 끊임없이 던지고 있기 때문이다.

앞으로도 '왜?' 라는 질문에, 보다 구체적으로 답하기 위해 학문은 날로 발전해나갈 것이며, 이에 발맞추어 문명 또한 번성해나갈 것이다. 하지만 그 질문은 정확한 답을 기대하는 것이 아니라는 점을 분명히 알아야 한다. 그 질문이 철학적 근거에서 나왔듯이, '자신이 왜 살아가야 하는지를 알고 있는가.' 에 대한 의문사에 지나지 않는다. 이를 다시 의역하자면 '세상 속에 너의 존재를 어떻게 증명해낼 수 있는가?' 에 대한 반증을 요구하는 것이다.

인간은 확신을 갖지 못한 불안전한 존재로써 불투명한 미래를 향하고 있다. 이 모든 것이 알지 못하는 무지의 소치이다. 하지만 자신이 이 세상을 살아가려고 한다면, 최소한 그 목적이나 이유 정도는 분명해야 되지 않겠느냐는 메시지가 아니겠는가. 즉, 자신이 살아가는 뜻이나 목적조차도 없다는 것은 진정한 삶이라고 볼 수 없으며, 아무런 의미도 없는 그런 삶은 허황됨으로 치장된 허울에 불과하다는 소리이다. 다시 말해서, 맹목적으로 세상을 배회하며 떠돌아다니기 전에, 자신이 왜 그래야만 하는지부터 우선 알아야 하지 않겠느냐는 당연한 충고일 수도 있다.

'너 자신을 알라.' 라는 소크라테스의 말은 여러 뜻으로 해석된다.

세상을 탓하기 전에, 너의 흠부터 고쳐라. 몰라서 당했다면, 너는 알려고 노력이나 해봤느냐. 가난이 억울하다면, 너는 왜 부자가 못되었는지 알고나 있는가. 남의 꼬투리를 잡고 늘어지는 것은, 너를 정당화시키려는 위선이 아니냐. 그를 야박하다고 탓한다면, 너는 그에게 얼마나 베풀었는지를 생각해보라. 거지의 추한 행세를 보고 더럽다고 미간을 찌푸린다면, 너는 정녕 배고픔의 고통을 알고나 있느냐. 나쁜 짓을 하고도 시치미를 뗀다면, 너는 양심에 찔리지도 않느냐.

그는 인간의 시기와 질투로 얼룩지는 이 세상을 바라지 않았을 것이다. 인간의 이기심은 자신만을 생각하고, 자신만을 챙기려는 일방적인 버릇이 있기 때문이다. 따라서 인간이 무심코 하는 생각이나 행동이, 정의로워야 할 세상을 어지럽힐 수도 있으니 이를 자숙하라는 따끔한 충고일 수도 있다.

이는, 인간의 편향방성 시선이 편견을 만들어내기 때문이다. 눈이란 자신을 접어두고 상대만을 쳐다본다. 하늘을 올려다보면 땅이 안 보이고, 땅을 내려다보면 하늘이 안 보이는 이치와도 같다. 일방적인 시선으로 상대방만을 쳐다보면, 자신의 단점은 안보이고 상대방의 단점만이 보이게 마련이다. 때문에 자신이 일방적으로 보고 느끼는 것이 형평에 맞지 않는 이기심에 치우칠 수도 있다는 소리이다.

하지만 자신의 가족이나 허물없는 친구 그리고 사랑하는 사람을 대할 때는 느낌이 달라진다. 웬만한 실수는 애교로 받아들이고, 무엇을 요구하기 전에 무엇인가를 주고 싶다는 생각을 한다. 부모가 자식을 대하듯, 때로는 받는 것보다 주는 것이 더 기쁘며 주어도 아깝지가 않다. 상대의 기쁨이 곧 자신의 기쁨이라는 인식을 하게 된다. 이러한 현상은 상대를 눈으로만 보질 않고 마음으로 대하기 때문이다. 따라서 세상의 모든 것을 대할 때는 눈으로만 보는 듯한 일방적인 편견이나 선입견을 버려야 한다는 소리일 수도 있다.

인간에게 있어서는 지식을 겸비하는 것보다 우선적으로 알아야 할 것이 있다. 그것은 다름 아닌 인간의 도리라고 할 수 있는 도덕적 가치이다. 제 아무리 높은 지식을 지녔다고 하더라도 인간의 도덕적 가치를 모른다면 모든 이들로부터 배격당할 것이 뻔하다. 도덕의 도리란 자연의 이치와도 같은 인간의 법도로써 꼭 지켜야 할 양심적 규범을 뜻한다.

도덕적 도리를 모르는 사람은 안하무인격으로 자신 밖에 모르며 은혜를 저버리고 배신을 일삼는다. 흥분에 취하면 아래 위도 몰라보고, 자신에게 불리한 것만 따지려고 달려든다. 자신의 잘못은 덮어두고 남의 약점을 무기삼아 떠벌리고 다니는 것이다. 아쉬울 때 앓는 소리를 하더니, 빌려주고 나니 배 째라는 식이다. 상대방의 입장은 전혀 고려하지 않고, 오로지 자신의 입장에서 원리원칙만을 따진다. 기고만장하다. 고집이 세다. 통하질 않는다. 오로지 자신 밖에 모르는 고질병자이다. 이러한 사람이 조직에 들어오면 조직이 분열을 일으키며 와해되고, 이러한 사람을 집안에 들이면 분란만 일어나다가 집안이 풍지박살 난다. 따라서 새로운 사람을 맞이할 때, 제일 먼저 따지는 것이 그 사람의 됨됨이라고 할 수 있는 그 사람의 인간성이다.

일반적으로 인간성이란 인간의 내면에서 우러나오는 천부적인 심성을 일컫는다. 하지만 타고난 심성은, 자라온 환경이나 성장과정을 거치면서 예상치 못한 경험이나 충격에 지대한 영향을 받아 변형을 일으킨다. 개인형의 의식구조가 새롭게 형성되는 것이다. 오랜 과정을 거쳐 고착화된 성격은 좀처럼 바뀌질 않는다. 피에 녹아들어 흐르는 것처럼 어쩔 수 없이.

면접에 있어서도 이점을 예의 주시하고 있지만, 자녀의 혼기를 앞둔 부모의 입장에서도 가장 우려하는 부분이 바로 이러한 점이다. 개인주의가 팽배한 현실에서 급증하는 이혼율이 이러한 우려를 더욱더 심화시키고 있기 때문이기도 하다. 인간성이란 내면의 깊숙한 곳에 잠재되어 있으므로 쉽게 드러나질 않는다. 영특한 위선으로 본심이 철저히 위장되어 있기 때문이다. 그 본심은 자신이 막다른 상황에 몰려 어쩔 수 없다고 느꼈을 때, 일시에 폭발하듯 그 본색을 드러낸다. 한번 드러난 본색은 아예 표면에 떡하니 자리하고 앉아 자신의 독살스런 아집으로 주변을 장악하고 군림하려 든다. 따라서 사람을 대하거나 사귈 때도, 그 사람의 겉만 보고 상대를 판단하는 것은 극히 위험한 일이 될 수도 있다는 말이 이를 두고 하는 말이다.

인간성의 상실로 인하여 도덕적 문제를 야기 시키는 당사자는 일방적인 가해자일 뿐이고, 이로 인한 피해는 그 주변의 사람들이 고스란히 떠안아야 된다는 점에서 문제의 심각성이 있다. 또한 도덕적 불감증은 심리적인 악으로써 현행법에도 저촉되지 않는 경우가 많아 개탄스러울 뿐, 그에 대한 대처방안이 불분명하다. 아무도 책임질 수 없는 이러한 도덕적 해이는 인간의 정서를 파괴할 뿐만 아니라, 인간의 가치기준을 뿌리 채 뒤흔드는 악의 근원으로써 사회의 기강마저도 무력화시키는 암적인 존재임이 분명하다.

상대를 쓰러뜨려야 만이 살아남는 경쟁시대. 그 누구도 긴장을 놓칠 수가 없다. 공부에 승부를 걸어야 하는 아이들은 학교에서 학원을 전전하다가 집으로 돌아오면, 못 다한 승부욕을 채우기 위하여 컴퓨터 앞에 홀로 앉아 또다시 게임에 승부를 건다. 긴장을 늦출 수 없는 어른들 역시도 직장이라는 '돈쟁터'에서 타인을 경계하며 돈과 싸운다. 현대의 사회는 가족의 수도 많지 않은 핵가족시대임에도 불구하고, 그나마 서로가 고립된 상태에서 자신을 돌아볼 여유조차도 없이 바쁘게만 돌아가는 것이다. 상황이 이러다보니, 인간의 내면은 독자적인 판단에 의하여 독자적으로 형성될 공산이 크다. 승부에 길들여진 도발적인 습성과 이겨야만 직성이 풀리는 이기적인 가치관이 인간의 순수성을 파괴하고 원리원칙만을 양상해내는 것이다. 인간과 인간의 사이가 각박해질 수 밖에 없는 시대의 풍조 속에서, 이기심이 낳은 도덕적 해이는 사회의 암처럼 퍼져만 가며 또 하나의 골칫거리로 떠오르고 있다.

인류의 역사는 전쟁의 역사라고 해도 과언이 아니다. 목적을 위해서라면 인간의 생명조차도 무시하는 도발자들의 도덕적 해이가 힘에 논리를 앞세워 자신을 과시하기 위해 일으킨 전쟁들이다. 전쟁에 대한 보복은 또 다른 보복을 불러일으킴으로써 감정에 고리는 점점 깊어만 갔고, 모든 사람을 사지에 몰아넣는 그러한 전쟁은 지속되었다. 힘에 논리가 지배했던 그 시대에는 승자만이 영웅으로 떠오를 뿐, 수많은 살생과 파괴는 대가 없는 일방적인 희생에 불과할 따름이었다.

사병 출신으로써 별 볼일 없이 논쟁이나 떠벌리고 다녔던 입담꾼 히틀러가 외골수적인 동조자들을 끌어들이고 사세를 확장하여 세계대전의 주역으로 떠오른 것은 세상이 다 아는 사실이다. 그의 전기를 보면 인간애적인 측은지심도 느껴지지만, 그에 결핍적인 성격형성이 세상에 대한 이면적 분노로 표출되었음을 결코 간과해서는 안 될 것이다. 1차 세계대전에서 독일이 패망한 후, 몰락한 독일의 경제와 손상된 영토에 대한 설욕을 빌미로 정복을 위한 정복자로 돌변해버린 그는 끝내 인간성마저 상실하였다. 세상에 대한 그릇된 편견과 지독한 야욕에 빠져, 전쟁터를 비참한 죽음의 바다로 만들어 버린 것이다.

많은 사람들을 살상하고도 추앙받는 전쟁의 영웅들은 수없이 많다. 그러나 그들이 추앙을 받을 수 있었던 것은 악을 몰아내기 위한 전쟁의 명분이 뚜렷했으며, 언제나 정의의 편에 서서 무고한 사람들을 죽이지는 않았다는 점이다. 그러나 히틀러는 과대망상증에 빠져 뚜렷한 명분도 없는 침탈을 일삼으며 무차별한 인명살상을 위한 전쟁을 했다. 연합군에 밀려 지하 벙커로 숨어들었던 히틀러는 머리통에 총을 대고 자살을 택했지만, 역사에 씻을 수 없는 오명만큼은 그대로 남아 있다.

그에게 붙여진 치욕적인 오명은 전쟁 중에 사람을 많이 죽여서 그런 것만이 아니라, 인간으로서 지켜야 할 기본적인 양심을 져버렸기 때문이다. 맹목적인 침탈을 일삼으며 포괄적 적개심에 빠져 저항력이 없는 사람들과 무고한 유태인들을 마구 잡아들여 공포가 난무하는 인간 살육장으로 몰아넣고, 혐오스럽고도 비열한 방법으로 인체실험 및 가혹한 살상을 자행한 점이다. 이는 윤리를 벗어난 인간의 방종이 그 얼마나 잔인한가를 극단적으로 보여주고 있다.

인간성을 상실한 한 사람의 도덕적 해이가, 이 같이 엄청난 비극의 역사를 몰고 왔듯이, 도덕적 해이는 어느 한 개인의 윤리적 문제로만 그치는 것이 아니라 가정이나 집단의 정서를 황폐하게 하는 원인이 되며, 더 나아가서는 사회를 분열시키고 기강을 뿌리째 흔드는 악의 근원이 될 수도 있다는 점을 결코 간과해서는 안 된다.

'도덕적 타락을 결코 묵과해서는 안 된다.' 고 주창하고 나선 공자의 유교사상은 모든 백성이 솔선수범 하여 도덕을 지켜나가는 사회를 만들어 나갈 때 사회의 질서가 이상적으로 유지되며 나라가 바로 선다고 하였다. 덕망과 존경, 예절과 사랑이 충만했던 과거의 왕조를 그리워하며 절실하게 상고주의를 부르짖었던 공자의 윤리관이 그 얼마나 소중한 가치의 그리움이었는지를 다시 한 번 되새겨볼 때이다.

앞으로는 지식을 바탕으로 하는 지혜의 힘, 즉 과학의 힘이 작용하는 시대가 전개될 것이다. 아직도 아니 언제까지라도, 결코 힘의 논리가 끝나는 것은 아니지만, 무력의 힘에는 보다 막강한 위력이 버티고 있기 때문이다. 침략자들의 다발적인 도발에 의하여 일어났던 세계대전이 히로시마에 떨어진 원자폭탄의 위력에 의하여 종지부를 찍었다. 그 후 물리학자 에드워드 텔러는 히로시마에 떨어진 원자폭탄의 500배나 되는 위력의 강한 수소폭탄을 주도적으로 개발하고 실험까지 마침으로써 무모한 도발에 대한 확실한 경고의 메시지를 보낸 것이다. 그러자 이에 질세라 소련 또한 수소폭탄을 개발하였다. 따라서 무모한 전쟁은 서로의 공멸을 뜻한다. 이를 미연에 방지하고자 국제사회가 극단적인 분쟁을 견제하고 있으며, 분쟁국들 역시도 서로가 공멸할 수도 있는 전쟁을 자숙하고 있는 상황이다. 그러나 인간의 도덕적 가치가 또다시 무너져

대규모 전쟁이 일어난다면 그 결과는 불을 보듯 뻔하다. 그러므로 인간은 본래의 양심으로 돌아가야 한다. 그 길만이 서로가 공생할 수 있다. 그것이 또한 공자의 크나큰 가르침인 것이다.

자연의 섭리와도 같이 언제나 변하지 않는 것을 '진실' 이라고 하며, 자연의 이치와도 같이 당연한 수순을 '순리' 라고 한다. 진실은 거짓이나 가식을 거부하고, 순리는 역행이나 강압을 거부한다. 진실은 꾸밈이 없는 사실 그대로를 고수하고, 순리는 어긋나지 않는 순조로운 흐름 그대로를 고수한다. 진실은 절대 변하지 않는 세상의 평등법이며, 순리는 그 법을 다스리는 세상의 원리로 작용하는 것이다. 이 처럼 절대 흔들리지 않는 절대불변의 가치와 당연함을 우리는 '진리' 라고 부른다.

따라서 세상을 지배하는 것은 진리이며 그 어떠한 것도 진리를 벗어나 존재할 수 없다. 진리는 우주의 모든 존재나 원리적 현상의 근원적 이치를 담고 있는 근원지 그 자체이다. 진리의 이탈은 멸망뿐이며 그 이상은 아무런 것도 존재하지 않는 '없음' 이다. 이 세상의 모든 것이 진리에서 생성되었듯이 제 아무리 날뛰고 발악을 해본들 결국엔 소멸되어 진리로 돌아간다.

세상의 모든 것은 물론 불가사의한 현상까지도 그 근거가 진리에 있음은 두말할 나위가 없다. 인간은 진리를 신뢰한다. 때문에 진리를 알고 싶어 한다. 그러므로 철학을 비롯하여 우주원리, 천문학, 자연과학, 생명공학, 수학, 물리, 생물학, 의학, 윤리학, 과학 등 세분화된 모든 학문들이 진리를 향하고 있으며, 인간의 양심적인 삶의 방향이 진리를 향하고 있는 것이다. 진리에 담겨있는 깨우침 속에는 추구하는 것에 대한 역설적 해법이 순리적 이치로 작용하면서 가치를 발생시킨다. 인간이 상황에 대처할 수 있는 지혜적인 능력향상이나 놀라운 과학의 문명 역시도 진리를 탐구하고 터득하여 이루어낸 진리의 진정한 가치임을 알아야 한다.

진리는 말하고 있다.

모든 존재여 서로에게 필요한 존재가 되어라. 너는 미력한 소재에 불과하므로 너 홀로 이룰 수 있는 것은 아무 것도 없다. 네가 양의 존재라면 음이 필요할 것이고, 네가 음이라면 양이 필요할 것이다. 그것마저도 거부한다면 너는 있어도 너는 쓸모가 없는 버려진 존재에 불과하다. 너의 처지가 꽃이라면 아름다운 마음으로 나비를 불러들이고, 너의 처지가 나비라면 진지한 몸짓으로 꽃을 찾아가거라. 너 또한 그러한 진리에 의하여 생성되었다. 그러므로 진리를 외면한다는 것은 네가 너를 외면하는 것이나 다를 바가 없다. 세상은 어울림이다. 내가 너의 양심에게 일렀거늘, 너 하나를 위하여 못된 짓은 하지 말라. 만약에 못된 짓으로 남에게 해를 입힌다면 내게로 돌아올 너의 양심을 결코 용서하지 않으리라. 네가 외롭고 힘든 만큼 상대를 사랑하고 의지하라. 그러면 혼자라는 외로움이 그 얼마나 절실한 사랑의 조건인지를 알게 될 것이며, 없음을 탓하기 전에 그 빈곳에 무엇인가를 채울 수 있다는 것이 그 얼마나 소중한 행복의 여건인지를 깨닫게 될 것이다. 그러나 있더라도 호기를 부리면 모든 것이 네 곁을 떠나갈 것이다. 자만에서 벗어나 진지하지 못했음을 반성하라. 지독한 그리움이 주는 고통을 통하여 홀대하여 날려버린 것에 대한 아픔을 감수하라. 현재의 서러움을 통하여 지난날의 어리석음을 통감하라. 삶이 주는 시련은 어리석은 너를 깨우치기 위함이니 그 속에서 진정한 가치가 무엇인지를 고민하라. 순간에 현혹되어 후회를 만들지 말고 추후에 드러나는 진실을 추구하라. 씨앗이 터지는 고통과 시련을 이겨내야 만이 너는 삶을 아름답게 꽃피우고 훗날을 기약하는 열매를 맺을 수 있다. 꽃이 지듯이 너는 죽어도, 땅에 떨어진 너의 열매는 따뜻한 봄볕을 맞으며 종자로 되살아나 너를 의미하게 될 것이라는 점을 명심하라.

처세술

처세술

인간은 하루에도 많은 사람들을 대하며 살아간다. 숱한 만남과 이별로 얼룩질 수밖에 없는 삶이란, 사람과 사람들의 어울림 그 자체인 것이다. 그러나 사람들을 대할 때 똑같은 마음으로 똑같이 대하지는 않는다. 상대의 신분이나 위치에 따라서 자신의 입장이 달라지기 때문이다. 부모의 앞에서는 자식의 입장이 되고, 자식의 앞에서는 부모의 입장이 되며, 윗사람들 앞에서는 아랫사람의 입장이 되고, 아랫사람들 앞에서는 윗사람의 입장이 된다. 윗사람을 대할 때는 일단 자신을 낮추고 상대의 신분이나 도리에 맞게 처신을 해야 하며, 아랫사람을 대할 때는 자신이 위치한 입장에 따라 위엄과 덕망을 갖추고 체통을 지켜야 한다는 뜻이다. 또한 자신과 동급에 놓여 있는 친구나 직장동료를 대할 때도 친분정도에 따라서는 격이 없는 것 같이 느껴지나, 인간으로서 지켜야할 도덕과 서로가 침범해서는 안 되는 기본적인 선이 엄연히 존재한다. 서로가 그것을 지켜주어야 하는 것이 인간의 도리이며 예의인 것이다.

때문에 흉금을 털어놓을 수 있는 친구라고 할지라도, 도가 지나치면 상대의 자존심에 상처를 주고 반감을 불러일으킴으로써 돈독했던 의리가 상하는 것처럼, 본의 아닌 사소한 실수가 오해를 불러일으켜 서로의 감정을 고조시키고 소중한 관계마저도 단절되는 경우가 흔히 발생한다. 의도적이거나 악의가 없었다는 것이 사실일지라도, 마음에 상처를 입은 상대방의 입장에 따라서는 변명으로 들릴 수도 있기 때문이다.

또한 서로 믿고 의지하며 함께 살아가는 가족지간일지라도 각자의 위치에서 처신을 분명히 해야 한다. 서로 믿고 의지하는 가족끼리니 아무렇게나 대해도 괜찮을 거라는 관념은 위험한 발상이다. 가족에게도 엄연한 위계질서와 인격이 존재하기 때문이다. 허물없이 지내는 것은 좋으나, 격의 없이 지내서는 안 된다는 뜻이다. 격의 없이 지내다보면 가족 간의 서열이 무너짐으로써 가족 모두가 너와 나처럼 동격이 되고 만다. 시시각각 변하는 모든 감정이 여과 없이 표출되다 보면 한쪽에선 '왜 그러냐?' 는 식으로 맞받아친다. 위계질서나 인격은 사라지고, 동격의 입장에서 성격 대 성격만이 난무할 뿐이다. 좋은 것을 서로 차지하려고 다툼이 시작되고, 형제지간에도 시기와 질투가 판을 친다. 어른은 화가 나서 고함치고, 아이들은 분에 겨워 식식대며 짜증을 부린다. 마치 누가 이기나보자는 식으로 고집을 부리고 서로가 토라져버리기 일쑤이다. 서로가 분개하며 관계를 소홀히 하였을 때 감정의 골만 깊어지고 앙금만 쌓여간다. 설득을 하여도 그때뿐이고 매를 들어도 그때뿐이다. 또한 아무리 떠들어봐야 '너 잘났다' 는 식으로 통하질 않으며 체념의 상태로 돌입하는 것이다. 서로에 대한 짜증은 서로에 대한 체념으로 이어지기가 쉽다. 이는 서로의 고립을 뜻하며 사실상 가족관계의 단절을 의미한다. 위계질서의 문란은 도덕적 해이를 낳고 서로의 가치관을 파괴할 뿐이다.

가족 간의 분란은 어느 한 문제에 국한된 결과가 아닐 것이다. 가족을 자기화 시키려는 패권다툼에서 대립이 발생하는 경우가 많다. 자신의 뜻이 받아들이지 아니할 때 믿었던 관계로부터 이질감을 느끼며 배신감만이 쌓여간다. 평소 누적된 불신과 불만의 감정들이 서로 뒤엉클어진 상태에서 도무지 그 해결책을 찾을 수가 없다. 그 원인을 딱 꼬집어 말할 수는 없겠지만, 가족이란 서로가 어쩔 수 없는 관계라는 인식이 자만으로 이어진 부덕의 소치일 것이다. 가정의 불화는 서로가 서로를 비하하고 과소평가함으로써 존경심이나 신뢰가 깨졌다는 것을 뜻한다. 따라서 아무리 가까운 사이일지라도 기본적인 위계질서나 신뢰는 분명히 지켜야 하며, 그에 준하는 처신이나 도리를 벗어나서는 안 된다는 것을 의미한다.

어른의 입장에서 본다면, 자식의 성격형성이 지나친 관용이나 자유분방한 가정환경으로부터 비롯되었다는 것을 알아야 한다. 아기는 생존본능에 따라 집안 식구의 눈치를 살피며 보고 배운 대로 길들여지면서 성장하지만, 자신의 요구불만을 관철시키고자 심리적 도발을 시도한다. 이에 대응해오는 가족구성원의 상대적 반응에 따라 자신의 판단력이 형성되어지는 것이다. 아이가 말하고 행동하는 것을 보면 그 집의 가족분위기나 교양의 수준을 짐작할 수가 있듯이, 어릴 적부터 몸에 배여 고착화된 인성은 좀처럼 바뀌기가 쉽질 않다. 평소의 가정교육이나 집안 분위기가 아이에게 미치는 영향이 얼마나 큰지를 통감해야 할 것이다.

따라서 아이들의 교육을 위해서라면 맺고 끊음이 정확해야 한다. 아무리 어린응석받이라고 할지라도, 잘했을 때에는 그에 상응하는 대가를 지불하고, 잘못을 했을 때에는 반듯이 체벌이 따른다는 것을 인식시켜 줄 필요가 있다. 생떼를 부릴 때는 냉담해야 하며, 억지는 절대로 통하질 않는다는 것을 가르쳐야 한다. 인사를 거르지 않게끔 하여야 하며, 식사 후에는 '잘 먹었습니다.' 를 꼭 외치게 하라.

물론 유치하고도 뻔한 소리이다. 그러나 잘못을 하고도 당당한 것은 그 사람이 옳고 그름을 몰라서 그런 것이 아니다. 잘못의 체벌을 통감하지 못했기에 대수롭지 않게 여기며 무뎌진 양심이 가책도 느끼지 못함이다. 대충 얼버무리고 넘어가면 된다는 인식은 도덕성의 상실을 가져올 뿐이다. 또한 생떼를 쓰면 된다는 생각이 고착화되면 이기심만을 부추기는 성격으로 발전될 소지가 많다. 나이를 먹었어도 생짜를 부리는 노인네가 있듯이 우기는 버릇은 고쳐지질 않는다. 그러한 추태는 사회로부터 고립을 자초한다. 그리고 인사를 안 하는 것도 버릇이 된다. 안하던 것을 다시하려면 생소하고도 쑥스러운 느낌이 들어, 해야 된다는 것을 알면서도 하는 둥 마는 둥 대충 얼버무리게 되고 마는 것이다. 인사성이 밝지 못한 사람은 어디를 가도 무시당하기 마련이다. 마지막으로 식사 후에는 '잘 먹었습니다.' 를 꼭 외치게 하라는 것은 고마움을 알고 표현하는 습관을 갖아야 한다는 것을 뜻한다. 처세술에 속하는 예의란, 알고만 있으라고 하는 것이 아니라 몸소 실천하라고 존재하는 것이다. 알면서도 실천하지 않는 것은 배은망덕한 짓이나 전혀 다를 바가 없다. 어렸을 적부터 이 사소한 사항들을 주지시키고 실천하게끔 했을 때만이 올바른 인간상을 정립시켜 줄 수가 있다.

또한 자식의 입장에서도, 모든 불평불만을 부모나 가정의 탓으로만 돌리고 반감을 갖는 것은 옳지 않다. 자식 된 도리를 운운하며 책임을 전가시키려는 것이 아니다. 물론 가족 간의 불화가 어른들의 편견에 의한 것일 수도 있다. 그러나 그것은 가족의 본의가 아닐 거라는 점을 알아야 하며, 막연한 반감으로 인해 서로의 관계가 더욱더 악화되기까지는 자신에게도 일말의 책임이 있다는 것을 알아야 한다. 좋지 않은 반감에 대한 맞대응은 가정의 파탄만을 자초하는 격이다. 또한 자신의 입장만을 내세우려는 이기적인 자세는 삐뚤어진 마음으로 발전하여 자신의 미래에 부정적인 영향을 미치게 될 뿐이다.

고질화된 가족의 분쟁은 감정의 고리들이 성격의 변화를 일으키면서 맹목적인 미움으로 비화되기가 쉽다. 때문에 '상대하기조차 싫다.' 라든가 '부모로서, 자식으로서, 형제로서, 나에게 어떻게 그럴 수가 있느냐?' 고 반문한다는 것은 서로가 서로의 위치에서 맡은 바 처신을 잘못해왔다는 것을 반증하는 소리이다. 따라서 서운한 감정만을 앞세우다 보면 자신도 모르게 감정의 노예가 되어 분별력을 잃는 것이 인간임을 깨달아야 한다.

흐트러진 인간관계가 하루아침에 정립되지 아니하듯, 올바른 처세술이란 단시일 내에 형성되는 것이 아니다. 성장과정에서 가정이나 주변의 환경으로부터 도덕적 영향을 받아 인성이 형성되었듯이, 삐뚤어진 인성을 바로잡기 위해서는 새로운 가치관과 도덕적 개념이 바로 서야 한다.

우선, 모든 것이 남의 탓이라는 의식부터 바꾸어라. 자신이 그 원인을 제공하지 않았다면 상대가 그럴 수밖에 없었던 사정이 있을 것이다. 그렇지도 않다면, 서로에 대한 오해가 빚어낸 일일지도 모르는 일이다. 자신의 서운함만을 내세우며 이해하지 않으려는 오해는, 또 다른 오해만을 낳기 마련이다. 오해란, 그 골이 깊어지면 서로의 관계가 앙숙이 되며, 잘못된 인식이 진실로 자리 잡게 된다.

오해란 자신 스스로가 상상하여 꾸며낸 거짓된 진실임을 알아야 한다. 따라서 그것을 진실이라고 믿는 것은 자신뿐이다. 자신의 잘못된 생각으로, 무고한 상대가 억울한 누명을 쓰고 상처를 받는다는 것을 생각해보라. 상대로서는 그 얼마나 황당하겠는가. 따라서 상대를 대할 때는, 상대의 입장에서 생각하고 자신을 대하듯 말을 하고 행동하여야 한다.

상대의 입장에서 자신을 대하듯 말하고 행동한다면 편견과 아집이 사라질 것이다. 따라서 상대를 공경하고 예를 갖추면 자신도 그에 상응하는 대우를 받을 것이나, 상대를 무시하거나 업신여긴다면 자신도 무시당할 것이 뻔하다. 즉 상대란 자신을 비추는 거울과 다를 바가 없다.

하지만 거울 앞에 너무 바짝 붙어서 자신을 쳐다보면 자신의 일부만 보일뿐 전체의 모습은 보이질 않는다. 가까운 사람과의 불화도 마찬가지이다. 서로가 거리감이 없다는 것은, 서로가 너무 붙어있기에 서로가 서로를 제대로 바라볼 수가 없음을 뜻한다. 그러다보니, 서로가 거울에 맞닿아 있는 것처럼 '도대체 누가 왜 어떻게 무엇을 잘못한 것인지' 보이질 않고 분간도 안 되는 이치와도 같다.

따라서 가족이나 친구 그리고 동료를 비롯한 모든 사람과의 대인관계에 있어서 일정한 거리를 유지하는 것이 바람직하다. 인간은 가까운 사이일수록 부담이 없고 호의적인 측면도 있지만, 상대방에 대하여 모든 것을 다 알고 나면, 신비감이 사라지고 단점만이 보임으로 식상함을 느낀다. 새로움을 기대할 수가 없기 때문이다. 서로가 서로를 생각해서 걱정해준다는 것이, 고작 서로의 약점이나 꼬집어내며 고쳐야 한다면서 자존심을 건들기 일쑤이다. 한 두 번이 아니다. 똑같은 소리를 여러 번 들으니 지겹다. 시시콜콜한 참견에서 벗어나고 싶다. 따라서 지나치게 가까운 것은 오히려 먼 것만도 못할 때가 있는 것이다.

직장이나 사회에서의 처세에 있어서는 더욱더 그러하다. 오늘에 우군이 내일의 적군이 될 수도 있기 때문이다. 아무리 가깝게 지내는 직장동료라고 할지라도 '너만 알라.' 는 식으로 자신의 모든 것을 흉금 없이 털어놓는다는 것은 마치 자신의 칼자루를 내주는 것과 다를 바가 없다. 사람은 남에 대하여 말하기를 좋아한다. 특히 남의 약점에는 더욱더 민감하다. 그 말을 전해들은 사람이 다른 사람을 만나면 입이 간지러워 '너만 알라.' 는 식으로 그 말을 전파시키는 것이다. 또한 사이가 멀어지면 '그가 어떤 사람인지 알기나 하냐?' 는 식으로 입방정을 떨어댄다. 자신이 감추고 싶었던 부분들이 이래저래 모두에게 까발려지는 경우이다.

자신이 드러내고 싶지 않은 취약한 부분이나 암울한 기억은 가슴속으로 삭혀야 한다. 자신을 조금 더 알고 싶어 하는 사람에게는 그것이 오히려 자신의 신비로 작용하며 관심을 끄는 힘이 된다는 것을 알라. 그 대신 기왕에 들통 난 어두운 과거에 대해서는 비굴하게 이를 감추거나 무마시키려고 하지 말고, 사실을 인정하고 과감하게 대처하라. 떳떳하고 의연하게 대처했을 때, 상대는 별다른 흥미를 못 느끼고 조용히 물러설 것이다.

같은 값이면 그 누구라도 흠이 있는 상품을 선택하지는 않을 것이다. 사회에서는 자신이 곧 상품이라는 점을 잊어서는 안 된다. 자신을 깎아내리는 짓을 스스로 자초하지 말라. 되도록 밝은 표정을 유지하고 진지하면서도 총명함을 유지하는 것이 자신의 상품력을 오래 보존하는 것이다.

사회는 자신을 거래하는 비즈니스의 장이다. 사회는 감성적인 측면보다 가치성을 따지기 때문에 합리적인 조건에서의 능력과 고도의 처세술을 요구한다. 상대와 마주한다는 그 자체가 처세술에 의한 흥정과 절충으로써 사람과 사람 간의 정당한 거래이기 때문이다. 따라서 감성에 치우치거나 정서에 읍소하려든다면 그 거래는 결코 성립되지 않는다. 아쉬운 입장에서 선택권이 상대에게 있다고 하더라도 지나치게 굽실거리거나 겸손을 떤다면, 본론에 들어가기도 전에 오히려 거부반응이 일어날 것이다. 상대가 심리적 부담감을 느껴 정상적인 거래를 회피하기 때문이다. 그것은 페어플레이가 아니다. 비굴한 패배를 자초할 뿐이다. 일방적인 거래란 없다. 자신이 행하고자 하는 거래의 취지가 상대에게 떳떳하지 못하다는 것을 자인하는 격이다. 떳떳치 않은 일이라면 할 생각도 하지 말고, 상대를 이용하겠다는 마음도 아예 갖지를 말라. 작은 이익을 위해 자신을 팔아치우면 돌이킬 수 없는 후회가 뒤따른다는 것을 결코 잊으면 안 된다.

고객에게 상품을 판매할 때도 마찬가지이다. 모든 거래란 팔고 사는 사람 모두가 공정한 입장에서 공정한 합의를 이루어냈을 때 거래가 정상적으로 성립된다는 것을 상기하라. 파는 사람이라고 하여 꿀릴 필요가 없다. 예의는 갖추되 정정당당하게 대하여야 한다. 대화를 하면서 고객의 반응을 살피듯이, 고객 역시도 대화를 하면서 자신의 표정이나 행동을 살피며 설명의 신빙성을 타진하고자 자신을 유심히 관찰하고 있다는 점을 간과해서는 안 된다. 상품을 팔려는 목적에 치우쳐 무조건

사라는 식으로 몰아붙인다던지, 이익에 급급한 장사치의 냄새를 풍겨서는 안 된다. 진지한 설명자의 입장이 되라. 상품에 대한 호기심을 자극하여 상대의 관심을 상품으로 몰아가야 한다. 고객은 부정적인 측면으로 꼬투리를 잡으려고 할 것이다. 때로는 비아냥거리며 야유를 보내기도 할 것이다. 그래도 당황하거나 고객의 의도에 휘말려 흥분을 하여서는 안 된다. 구매에 대한 결정을 망설이는 상태에서 확신이 서질 않으니, 상품의 진정성을 밀고 당겨보려는 심리적 반응이다. 이때 과잉반응을 일으키거나 표정관리를 못하면 산통은 깨진다. 상대보다 자신이 더 여유를 가지고 솔직한 면을 보이는 것이 고객에게 신뢰를 주는 요인이 된다. 고객은 거래를 논하는 자리에서 판매자의 심리를 은근히 떠보려고 할 것이다. 판매자의 신뢰성 여부를 알고 싶어 하는 심리이다. 상품의 핵심적인 특성과 가치성을 충분히 감지한 상태에서 이윽고 서로의 심리전이 진행되었음을 알아야 한다.

본격적인 거래는 그때부터 시작된다. 고객은 판매자에 대한 신뢰성의 측정값이 곧 상품의 신뢰성과도 같다고 느끼는 것이다. 또한 고객 자신이 구매를 결정함에 있어서 올바른 선택인지, 가격은 믿을 수 있는지에 대해서도 판매자의 신뢰성 여부에 따라 결정을 지으려는 것임을 알아야 한다. 고객이 상품을 최종적으로 선택함에 있어서, 판매자 자신이 곧 믿을 수 있는 상품이요, 보증서요, 가격이 되는 것이다. 이때 판매자는 고객의 입장에 서서 구매의 협력자 역할을 하라. 상품의 설명과정에서 드러난 고객의 취향을 상기하라. 고객이 구매를 선택하게 된 필요가치성이나 메리트를 다시 한 번 상기시켜주는 선에서 거들어주면 된다. 그 이상의 과장된 표현이나 공치사적인 언행은 장사치의 속셈을 드러내는 듯한 상대적 거부감을 줄 수도 있음으로 되도록 삼가는 것이 좋다.

처세술에 강한 프로세일즈맨은 시간을 낭비하며 고객을 기다리지 않는다. 처세술의 노련함이 자신감에 넘치는 외모에서부터 풍겨난다. 따라서 긴 말이 필요 없다. 움직이면 돈이라는 생각을 한다. 그에게 있어서 발 닿는 곳이 시장이요, 사무실이며, 휴식처인 것이다.

유능한 프로세일즈맨은 신사적인 매너로 분위기를 주도한다. 떳떳하게 영업을 시도하기 위한 절차가 청산유수이다. 은근히 사람을 끌어당기는 힘이 있다. 맨투맨에 강하다. 당당하다. 사람이 탁 트인 느낌이다. 첫 고객에 승부를 건다. 상품 안내지를 펼쳐놓고 상품을 소개한다. 상품에 대한 잡다한 설명은 하지 않고 핵심만 찔러나간다. 몰랐던 사실만 부각시키는 것이다. 새로운 이미지로 다가선다. 진지하다. 열성적이다. 믿음이 간다. 확신을 준다. 괜찮을 것 같다. 최소한 후회는 안할 것 같다. 믿어보기로 한다. 합의를 이루고 계약서를 작성한다. 첫 고객과 판매가 이루어진 것이다. 프로세일즈맨은 성사를 과시라도 하듯이 "어려운 결정을 하시느라고 수고하셨습니다."하며 고객에게 악수를 청한다. "예, 감사합니다."하며 고객이 답례를 하자 마주잡은 손을 흔든다. 둘 다 승리자 같다. 그 다음부터는 상품을 팔지 않고 분위기만 띄울 뿐, 고객 스스로가 알아서 하라는 식이다. 고도의 처세술로 고객을 유인한 다음, 고도의 심리전을 폄으로써 고객 스스로가 상품을 사게끔 거들어주는 역할만 하고 주변의 분위기를 띄운다. 군중심리를 이용하여 대량판매를 유도하려는 것이다. 상품 안내지를 받아든 사람들의 산발적인 질문과 함께 계약서를 작성한다. "이거 괜찮은 것 같지 않아?" 구매를 한 사람은 자신의 선택을 인정받으려는 의도로 주위의 동료들에게 자문을 구한다. 홍보요원이 된 것이다. 구매를 망설이던 동료들이 어디 구경이나 해보자는 식으로 덤벼들었다가 구매를 선택한 동료의 선택을 신뢰하게 된다. 다수의 검증이 끝나자 연쇄반응이 일어난다. 너도 나도 덤벼든다. 안 사면 손해를 보는 분위기이다. 도대체 누가 세일즈맨이고 누가 고객인지 구분이 안 간다. 저절로 팔리는 것이다. 처음 들어설 때 어색했던 분위기가 일을 마치고 나올 때는 서로의 헤어짐이 서운한 듯 정겨운 작별인사가 오간다. 그 맛에 사는 프로세일즈맨의 막강한 자산은 확실한 처세술이다.

그러나 프로세일즈맨은 오랜 훈련과정 속에 실패와 좌절을 겪고서야 그 진가를 발휘한다. 그 나름대로의 노하우가 쌓인 것이다. 프로세일즈맨은 시장의 선택부터가 다르다. 아무에게나 개방된 시장을 되도록 피하고, 특수계층이나 특정업체 및 특수시장을 개발해냄으로써 루트영업을 꾀하는 것이다. 이유는 간단하다. 영업효율이 가장 높은데다가 자신의 처세술을 적극 활용할 수 있으니 영업력의 노하우를 마음껏 발휘할 수 있기 때문이다.

처세술에 밝은 사람과 처세술에 약한 사람의 차이점을 단적으로 구분한다면 그것은 상대를 바라보는 관점의 차이이다.

처세술에 밝은 사람은, 상대를 자연 그대로의 상태로 보고 상대의 입장에서 상대를 인정하고 상대에 맞도록 자신이 처신한다. 한마디로 말하자면, 자신의 마음이 자연의 상태가 되어 특별한 감정을 갖지 않은 순수한 상태에서 상대를 대하는 것이다.

그러나 처세술에 약한 사람은, 자신의 관점에서 상대를 바라보기 때문에 상대의 못마땅한 부분을 자신의 기준에 맞추려고 하고, 상대를 설득하다가 뜻대로 되지 않을 때에는 실망으로 돌입한다. 자신의 스타일과 일치하지 않거나 자신의 뜻을 받아들이지 않는 사람은 자신의 편이 아니라고 단정해버리고 내치려는 것이다.

세상에는 많은 종류의 꽃들이 존재한다. 계절에 따라서 피어나는 시기도 다를 뿐만 아니라 크기와 모양과 색깔도 제각각이다. 제각기 다른 꽃들이 서로 어우러져 세상은 아름다운 조화를 이룬다. 사람도 마찬가지다. 각기 좋아하는 꽃이 다르며 좋아하는 색깔도 다르다. 기분이 좋으면 흥겹고 신나는 음악을 좋아하다가도, 심리적 변화에 따라서는 슬플 정도로 서정적인 곡의 선율에 동화되어버린다. 이는, 사람에 따라서 개성이 다르듯이 취향이나 성격도 다르며, 분위기에 따라서는 취향이나 성격도 달라질 수가 있다는 것을 의미한다.

자연은 모든 꽃들을 차별하지 않는다. 동일한 자연의 환경을 제공하는 것이다. 꽃들이 자연을 경계하거나 불만을 갖지 않는 것은 각기 다른 꽃들과 차별을 아니 하고 각기 다른 개성을 존중해주기 때문이다.

장미꽃은 장미꽃일 뿐이다. 장미꽃에서 민들레 향기를 기대한다는 것이 잘못된 생각이며, 장미꽃이 민들레이기를 바라는 것이 무리라는 뜻이다. 장미꽃 앞에서 백화의 고결함과 그윽한 향기를 들먹이지 마라. 장미를 비아냥거리는 짓에 불과함으로 시기심과 질투심에 반감만을 불러일으킬 뿐이다. 장미꽃 앞에서는 장미꽃 특유의 정열적인 색체와 향기만을 찬미하되, 이 세상에서 최고라는 말은 하지 말라. 상황의 변화라든가 심리적 변화에 따라서는 장미꽃의 화려함이 천박하고도 경박스럽게만 느껴질 수도 있다. 그때 다른 꽃이 더 좋다고 하면 변덕스런 이

중인격자로 낙인이 찍히고 만다.

사람을 대할 때도 마찬가지다. 사람마다 각기 다른 성격과 성향이 있듯이, 이를 인정하고 대처하는 것이 중요하다. 상대의 본질을 탓하는 것은 상대를 모독하는 짓이다. 상대의 감정을 건드려서 좋을 일은 없다. 상대의 장점은 인정하되 단점을 함부로 뜯어 고치려고 하지는 말라. 자존심의 침해이다. 상대가 못마땅하여 트집을 건다면 그가 분개하여 반발하고 나설 것이 뻔하다. 말 못하는 장미에게도 가시가 있다. 예민하게 반응하는 상대의 날카로운 성격적 반응은 자신을 침해당하지 않으려는 본능에 속한다.

해와 달과 지구가 둥근 것은 자존심이 없어서 그런 것이 아니라, 잘 돌아가기 위함이다. 둥근 마음으로 둥글게 받아들여야 상대와 쓸데없는 마찰을 줄일 수가 있다. 하지만 인간의 도리에서 어긋나는 행위로 자신에게 악영향을 미치려는 일이라면 결코 물러서서는 안 된다. 상대와 대항할 명분이 분명함에도 불구하고 이를 묵과하는 것은, 비굴한 굴복에 속하며 자신을 포기하는 것과도 다름이 없기 때문이다.

문제에 봉착하여 해결책을 찾을 때도 자기의 방식이 옳다고 무조건 우기는 것도 옳지 않다. 더위를 이겨내고자, 시원함을 원할 때도 사람마다 그 해결책이 다르기 때문이다. 어떤 사람은 에어컨 앞에 앉아 얼음을 동동 띄운 시원한 냉면이 최고라고 한다. 또한, 어떤 사람은 선풍기도 필요 없이 땀을 뻘뻘 흘리며 맵고 뜨거운 탕 한 그릇 비우고 나면 그렇게 시원할 수가 없다고 한다. 추울 때 따뜻한 것을 찾고 더울 때 차가운 것을 찾는 것은 보편적인 상식에 불과하다. 하지만 고정관념을 깬다면, 추운 겨울엔 냉수마찰을 하고 더운 여름엔 이열치열로 뜨거운 것을 찾는 것이 더 효과적일 수도 있다는 점을 간과해서는 안 된다.

또한 자신의 가치관으로 모든 것을 판단하려는 것은 잘못된 생각이다. 자신의 가치관이란 자신의 관념적 스타일일 뿐, 자신에 대한 실질적인 가치판단은 상대에게 있음을 알아야 한다.

남자의 진정한 가치는 남자에게 있는 것이 아니라 여자에게 있다. 여자 또한 여자로서의 진가는 남자에게 발휘된다는 뜻이다. 아름다운 꽃이 나비의 관심을 끌려는 것처럼, 여자는 거울을 보며 화장을 한다. 자신을 돋보이게 하는 옷을 입고 치장도 하지만, 그러한 행동은 자신보다도 남에게 잘 보이기 위한 행위이다. 그러한 노력에도 불구하고 누군가가 "그게 뭐야?"라고 하면 퉁하고 삐쳐버리고, 옆에 있는 여자가 자신보다 돋보이면 시기심과 질투심이 발동한다. 반면에, 보는 사람마다 자신을 예쁘다고 극찬을 하고, 모르는 사내들까지도 자신에게 관심을 보이듯 힐긋힐긋 쳐다보면, '민망하게 왜 자꾸 쳐다보냐' 는 식으로 새침을 떨면서도 속으로는 즐거워한다. 자신이 화장을 하고 치장을 한, 보람과 만족감을 상대의 관심과 표정에서 찾았기 때문이다. 물론 여자가 아름답게 꾸미는 것은 좋은 이미지로 상대에게 예의를 갖추려는 에티켓이기도 하지만, 자신의 가치관에 따라 행하여진 미의 기준은 상대가 자신을 어떻게 평가하느냐에 따라서 그 가치가 형성된다는 뜻이다.

각양각색의 꽃들은 그 나름대로의 독창적인 아름다움과 독창적인 향기를 지니고 있다. 사람 역시도 그 생김새가 각기 다르듯이 성격도 각지각색이다. 따라서 상대를 대할 때는 그 점을 감안하고 처신하여야 한다.

'거만을 떨면서 잘난 체 하는 스타일' 이 있다. 그런 사람은 그 맛에 산다. 공연한 허세에 불과하다. 아니꼽다고 생각할 필요는 없다. '도대체 왜 그러냐?' 고 따지려든다면, 오히려 상대에게 시비를 거는 격이 되어 싸움만 일어난다. 그가 허세를 즐긴다고 손해 볼 것은 없질 않는가. 한술 더 떠서 '멋있다.' 고 부추겨주어라. 입이 찢어지게 좋아할 것이다. 그러면서 실무적인 용건에 들어가라. 의기가 양양해진 자신이 박식한 척 하려다보니, 같은 말이라도 무용담을 늘어놓듯 장황하게 늘어놓으며 여전히 거드름을 피울 것이다. 핵심만 추려서 들으며 목적만 추구하라. 그러다가 정 참아내기가 힘들다면 한술 더 떠 '역시~' 하면서 다시 한 번 입을 찢어 놓으면, 그는 자신을 알아주는 사람을 이제야 만났다고 감격하여 울지도 모른다. 그런 사람일수록 상대의 장단에 흡족함을 느끼면 자신을 과시를 하기 위해서라도 자신의 간까지도 빼주려고 할 것이다. 그러나 그런 사람을 곁에 두고 장단을 마춰주기란 보통 피곤한 일이 아니다. 그러니 가까이 할 생각이란 추호도 하여서는 안 된다.

'이기적이고 약삭빠른 스타일' 이 있다. 모든 일에 끼어들어 떠벌리고 설치고 다니나 손해 보는 짓은 절대 안 하는 사람이다. 자기 일도 아니면서 결정적일 때, 초를 치고 중간에 나서서 따지기를 좋아한다. 약방의 감초와도 같은 그는 정보통이다. 어떻게 알았는지 먹는 자리에는 꼭 나타나서 끼어들고 분위기는 자기가 주도한다. 마치 자기가 살 것처럼 선심을 쓰고 정작 계산할 때는 보이질 않는다. 한마디로 어이없는 사람이다. 그런 사람은 자신의 머리가 남들보다 한 수 위라고 생각하는 경향이 짙고, 자신이 손해를 안 보는 것은 자신이 똑똑하기 때문이라고 생각한다. 대책이 없다. 약도 없다. 그렇다고 일부러 피할 필요는 없다. 그의 감언이설이나 잔꾀에 엮이지만 말고 그러하려니 하라. 의식적으로 피하다보면, 눈치가 9단이라서 자신만을 따돌린다고 생각하여 반감을 갖게 될 것이다. 그러면 여기저기 다니면서 자신의 흠담이나 늘어놓던지 모함을 하려들것이 뻔하다. 그런 사람은 편 가르기를 좋아한다. 함께 어울려왔던 다른 사람들마저 자신을 떠날까봐 자신의 편으로 끌어당기려는 까닭이다. 또한 그가 '너만 알라.' 는 식으로 하는 말은 한 귀로 듣고 한귀로 흘려보내라. 십중팔구는 고자질이며 남의 흠담이다. 호감을 사기 위한 술책에 불과하다. 때문에 그가 있는 자리에서 남의 흉을 본다든가, 자신의 속내를 드러내서는 안 된다. 말의 씨가 눈덩어리처럼 불어서 돌아다니면 감당하기 힘들어진다. 그저 분위기나 띄우고 다니는 정보통 정도로만 여긴다면, 그래도 없는 것보다는 있는 편이 나을 것이다.

'성격이 모난 스타일' 이 있다. 성장과정에서 받은 심한 충격이나 피해의식으로 인하여 정서가 불안한 사람이다. 의심이 많아 사람을 믿지 못하는 경향이 짙고 사소한 일에도 과잉반응을 일으키는 경우가 많다. 상대가 자신에게 호의를 베풀 때에는 불손한 의도가 깔려있을지도 모른다는 생각을 한다. 이런 사람과는 성격대립 양상을 보이면 안 된다. 자연스럽게 행동하며 남과 똑같이 대하라. 이상한 사람으로 취급하여 힐긋힐긋 쳐다보는 것은 '내가 너를 경계하고 있다' 고 경각의 메시지를 보내는 것과 같으므로 반감을 불러일으키는 요인이 된다. 되도록 맞부딪치지 않는 것이 좋으나 어쩔 수 없을 땐 따듯하게 대해줘라. 알고 보면 그 사람도 정을 그리워하는 불쌍한 사람이다.

'버릇이 나쁜 스타일' 이 있다. 심리적 불안과 초조함이 주원인이다. 나쁜 습관에서 오는 버릇은 행동으로 표출되어 반복되어 나타난다. 시도 때도 없이 눈을 껌뻑거린다든가, 코를 킁킁거림으로서 상대방에게 불안감을 조성하거나 불쾌감을 주는 행위이다. 또한 성격적인 결함에 의한 대표적인 버릇은 술버릇을 들 수가 있다. 평소 얌전했던 사람이 술만 들어가면 정신을 못 차리고 괴이한 추태를 보이는 것이다. 감정이 격해져 억눌린 속내를 드러낸다든가, 괴성을 지르며 난폭한 행동을 함으로써, 상대에게 불쾌감을 유발하고 분위기를 깬다. 안하무인격으로 아무에게나 시비를 걸고 위협을 가하지만, 술이 깨고 나면 언제 그랬냐는 식이다. 따지려고 들지 마라. 자신을 통제하지 못하는 심리적 결함이다.

이 밖에도 헤아릴 수 없이 많은 유형의 스타일이 상대를 부담스럽게 한다. 아름다운 장미에도 표독스런 가시가 있다. 아름다움을 지켜내기 위한 표독스러움이다. 선(善)은 아름답지만 여리기 때문에 스스로를 방어하지 못하므로 독살스런 악(惡)을 내세워 선을 지키려는 이치이다. 각기 다른 형태로 나타나는 인간의 표독스런 성깔 역시도 마찬가지이다. 정신적 충격에서 비롯된 피해의식이나 결핍성에 의한 강박관념이 자신을 짓누르면서 이에 대한 불안감이 뇌리에 박혀있음이다. 가치관이 정립되지 못한 혼란 속에 심한 자격지심을 느끼게 된다. 더 이상 자신을 그런 피해의식 속에 빠트리고 싶지가 않은 것이다. 따라서 자신이 믿지 못하는 사람을 만났을 때 경계심리가 촉각을 세우고, 위협의 낌새를 느꼈을 때에는 과잉반응을 일으키는 것이다. 따라서 상대를 만났을 때에는 그 사람이 어떤 유형의 사람인지를 먼저 간파하고 대처하는 방식으로 올바른 처신을 해야만 한다.

처세술에 강한 사람에게는 나름대로의 철칙을 가지고 있다.

상대의 자존심을 건들지 않는다. 감정으로 대하지 아니하고 적을 만들지 않는다. 충동을 억제하고 감정에 동요하지 않는 소신이 정확하다. 천금이 생긴다고 해도 옳지 않은 일에는 결코 타협하질 않는다. 어느 한쪽의 편을 들거나 편견을 갖지 않는다. 공정성을 따질 뿐, 패를 가르지 않는다. 오해를 살만한 일은 하지 않으며 투명하게 행동한다. 난처한 일이 발생할지라도 핑계를 대거나 회피하질 않고 끝까지 책임진다. 상대의 입장을 먼저 생각하고 변명을 둘러대기 전에 해결책을 모색한다. 남을 모함하거나 이용하지 않는다. 삶의 가치기준이 확실하다.

합리적이고도 논리적인 대화법은 그 사람의 인간성을 신뢰케 하고 올바른 사고방식을 대변한다. 옳고 그름을 따지기 전에 상대를 배려하고 이해하려는 순수함은 덕목을 겸비하고 있음이요, 인간적인 차원에서 문제를 풀어가려는 지혜가 있음이다. 모든 문제에 있어서 이해보다 빠른 해결책은 없다. 인간적인 측면이 배재된 원리원칙은 약점을 빌미로 꼬투리만을 잡고 늘어지는 형태가 되어 상대의 반발적 심리에 의한 악감정만을 유발시키는 경우가 많기 때문이다. 상대의 감정을 건드려서 좋을 일은 없다. 서로 조금씩 양보하여 합의점을 찾는 것이 유종의 미이다. 후덕한 마음에서 은근히 흘러나오는 순수한 인간미를 발휘함으로써 상대의 마음을 사로잡는다. 가식적이지 않은 솔직함은 그 사람의 떳떳한 진실성이며, 변명보다 효과적인 신뢰성이다. 때로는 상대에게 자신의 입장을 솔직히 털어놓음으로써 상대의 경계 심리를 와해시키고 상대가 무엇을 양보해야 할지를 스스로 고민하고 결정하게끔 유도해낸다. 공정성에 입각한 논리적인 해법을 제시함으로써 합리적인 제안을 거부할 수 없게 한다. 상대의 의도를 자신의 뜻대로 반전시켜놓고서도 상대에게는 패배의식을 주지 않고 승리감을 안겨준다. 상대가 스스로 자신을 믿도록 한다. 헤어질 땐 언제나 유종의 미를 남긴다.

하지만 처세술에 약한 자는 목적에만 치우치는 경향이 있다.

처음에는 민망할 정도로 굽실거리다가 위세가 반전되면 거드름을 피운다. 자신의 목적을 이루는 데만 급급할 뿐 다른 데에는 관심이 없다. 칭찬에 인색하다. 실리만을 좇다보니 성격이 차분하질 못하고 무언가에 쫓기는 듯 조급하다. 대화 도중에 상대의 약점이나 꼬투리를 잡으려고 한다. 자신의 뜻대로 대화가 풀리질 않으면 상대의 약점이나 꼬투리를 잡고 늘어지며 상대를 윽박지른다. 그래도 안 될 때는 상대의 불리한 점을 부각시키며 상대를 걱정을 해주는 척, 은근히 협박을 한다. 상대를 떠보려는 의도가 강하며 말하는 태도가 진지하질 못하다. 논리적이지도 못하다. 일방적이며 형평성이 없다. 흥분을 자주하며 내친김에 속보이는 소리를 한다. 날카로운 질문에 당황하며 답변을 회피하거나 얼버무린다. 말문이 막히면 우기는 경향이 있다. 애매한 말로 되받아치다가 뜻대로 되지 않으면 자포자기를 하는 식으로 상대를 무안하게 만든다. 결국에 가서는 자신의 속내를 드러내며 신경질적이다. 적반하장이다. 상대도 어쩔 수 없어 더 이상의 타협을 거부하면 '갑자기 왜 그러냐.' 는 식으로 아쉬운 듯 자세를 낮추고 살살댄다. 도대체 믿을 수가 없다. 싫다는 데도 끈덕지다. 그래도 안 될 것 같으니 자신이 뭘 잘못했냐는 식으로 따지려들며 시비조로 나온다. 협상을 하자는 것인지 싸움을 하자는 것인지 구분이 안 간다. 꼴불견이다. 이기적이다. 결국 타협이 결렬되자 반색을 하며 '알았다' 는 듯이 획 돌아서버린다. 황당하다. 찝찝하다. 불쾌하다. 다시는 보고 싶지도 않다.

인간의 성공여부는 처세술에 따라서 승패가 갈린다고 해도 과언이 아니다. 처세술이란 신뢰적인 인간성을 바탕으로 상대의 마음을 움직이게 하는 고도의 기술이기 때문이다.

처세란 상대의 앞에 처해있는 자신의 마음가짐과 행동거지를 뜻한다. 다시 말해서, 처세란 상대에게 등장한 자신을 보여주고 드러냄을 뜻하는 것이지, 상대를 보고 상대를 평가하려는 자의적 상황이 아니라는 점이다. 따라서 대담하고도 대범할 필요가 있다. 상대로부터 다소 불쾌감을 느꼈다고 하더라도 일시에 표정이 일그러지면 안 되고 화를 내어서도 안 된다. 상대의 불쾌한 실수에 웃음으로 화답하라. 악의가 없었다면 상대 역시도 무안한 웃음으로 화답할 것이다. 상대의 이견에 무조건 반박하려들지 말고 상대의 말 중에 타당한 부분을 먼저 인정하고, 이견의 갈래로부터 자신의 의견을 논리적으로 전개하라. 그래도 상대가 우기면 못이기는 척 웃음으로 화답하라. 그것이 인품이며 처세술이다.

처세술이란 상대를 꺾는 기술이 아니라, 상대를 동화시켜 상대를 자신의 사람으로 만드는 고도의 기술이다. 이 세상에서 사람을 얻는 것보다 더 큰 이익은 없다. 쓸모없는 사람은 아무도 없다. 모든 사람을 적으로 두지 말고 자신의 편으로 만들되, 쓸 때는 적절히 골라서 써야 한다. 선을 지키기 위해서는 악이 필요할 때도 있음을 알아야 한다. 위중한 순간에 그 누군가가 너의 인생을 바꾸어놓을지 아무도 모르는 일이다. 귀인은 대중 속에 평범한 모습을 하고 있으며 언제나 너를 주시하고 있다는 점을 결코 간과해서는 안 된다.

자신을 늦추지 말라. 상대가 무안할 정도로 관대하여야 하며, 상대가 미안해할 정도로 베푸는 마음을 지녀라. 입에는 항상 함박꽃을 물어야 하며, 말할 때는 항상 아름다운 시의 운율을 떠나서는 안 된다. 상대는 곧 자신의 거울과도 같다. 자신을 대하듯 상대를 대하고 상대의 마음을 얻는다면, 상대는 자신에게 모든 것을 바치려고 할 것이다.

보다 높은 이상에
도전하라

보다 높은 이상에 도전하라

높이 치솟은 산. 정상을 향해 도전하는 등반가들이 있다. 그들이 험난한 코스를 선택하는 것은 완만한 코스에서는 스릴을 느낄 수가 없기 때문이다. 곳곳에 도사리고 있는 위험을 극복해내는 것이 도전의 가치이다. 위기감이 고조될수록 성공의 가치는 돋보이며 매혹적이다. 때문에 험악한 난코스를 선택하고, 암벽을 만나면 자일에 목숨을 의지하며, 기필코 암벽을 기어오르며 스릴을 즐기는 것이다. 천신만고 끝에 오르고 정복한 정상이란, 그저 더 이상 오를 곳이 없는 비좁은 공간일 뿐이지만, 그들은 그곳에서 말할 수 없는 감회와 함께, 역경을 밟고 올라선 정복자의 뿌듯한 쾌감을 만끽한다. 그들은 그 한순간을 위하여 자신과의 끈질긴 투쟁을 벌여왔던 것이다.

자신의 한계에 도전하는 자에게 있어서 비좁은 정상이란 목표에 불과하며, 정복이란 '해냈다'는 의미적 상징에 불과할 뿐이다. 그들의 진정한 목적은 밟고 내려와야 할 정상이라는 위치보다도, 자신과의 싸움에서 승리의 가치를 창출하기 위해, 때로는 목숨까지도 내걸고 이겨냈다는 성취감일 것이다. 무미건조한 상태에서는 자신의 존재적 가치를 발견할 수가 없다. 그러므로 자신이 존재하는 삶의 의미를 찾아, 보다 높은 곳을 향하는 것이다. 성취감을 극대화하기 위해 자신을 위기에 몰아넣는 용기와 기개로써 험난한 코스를 선택하는 것은 도전의 가치를 높이기 위함이요, 자신과의 싸움에서 강한 의지를 표명하고 정면으로 맞서겠다는 결의를 뜻한다. 위험에 빠지면 살아남으려는 본능과 악착같은 근성으로 대처하고, 힘든 난관에 봉착해서는 이를 회피하기 전에, 마치 생존게임을 즐기듯 사투를 벌리며 위기를 스릴로 즐길 줄 아는 의식의 전환이 강인한 정신력을 발휘한다. 오로지 '할 수 있다'는 신념 하나로 순간순간의 위기를 극복해내는 것이다. 자신을 가로막고 있는 한계에 짓눌려 자신을 포기할 수 없다는 도전적 의지의 표현이며, 시련에 굴하지 않는 실감나는 체험을 통하여 자신이 살아있음을 명백히 입증하려는 시도이다. 인내와 근성으로 자신을 극복하고 내면적 승리를 거머쥠으로써 자긍심을 느끼는 뿌듯함 보다 더 큰 희열은 없을 것이다.

낮은 곳이란 높은 곳에 속박되어 짓눌려있는 위치이다. 낮은 곳에 짓눌려 있다 보면 주눅이 들어 세상을 제대로 볼 수가 없고, 높은 곳에서 흘러내리는 영향을 받음으로써 자신의 뜻을 제대로 펼칠 수가 없다. 그러다보니, 보다 자유로운 상태에서 자신의 뜻을 마음껏 펼치기를 바라는 인간의 마음이, 낮은 곳에서 높은 곳을 향하는 것은 너무도 당연한 일이다. 그러나 아무나 높은 곳을 바라보고 오를 수 있는 것은 아니다. 생각하는 사람의 의식이나 사고의 범주에 따라 마음에 고도가 설정되기 때문이다. 그러나 아무리 고고한 꿈을 갖았다고 하더라도 암담한 현실에서 미래를 올려다본다면 막연할 따름이다. 미래의 관점에서 오늘을 보고, 오늘을 미래의 관점으로 끌어올려야만 도약이 가능하다.

힘든 역경 속에서도 굴하지 않는 꿈과 희망은, 미래에 대한 자신의 자부심이자, 자신의 삶을 지혜롭게 이끄는 삶의 지표이다. 자신에 대한 가능성을 스스로 의심하지 말라. 안 된다는 법도 없으니, 마음만 먹는다면 못할 것도 없다. 자신에 대한 소신과 확신만 있다면 세상이 어찌 그런 너를 말릴 수 있겠는가.

현재의 처지를 타박이나 하면서 조건을 탓하지 말라. 하려는 의지가 모든 것을 좌우한다. 거저 주어지는 것은 가치가 없음으로 기대도 하지 말라. 톡톡한 대가를 치르고 힘겹게 구한 것만이 남다른 의미가 있고 가치를 더하는 것이다. 비록 자신이 고달픈 현실에 처해 있더라도 이를 비관하거나 자학하기 이전에, 현재의 고통이 과연 무엇을 의미하는지를 먼저 자각하라. 세상이 자신을 정작 무시하고 버리려고 했다면, 애초 이 세상에 끌어들이지도 않았을 것이다. 세상이 그런 자신에게 진정 바라는 것은 좌절하고 맥없이 무너지는 것을 바라는 것이 아니라, 역경을 딛고 당당하게 일어서서 극적으로 이루어내는 감격적인 삶의 반전일 것이다.

아름다운 꽃은 우아한 자태를 뽐내며 매혹적인 향기를 내뿜는다. 하지만 저절로 만발하는 꽃은 없다. 여린 뿌리로 얼어붙은 땅을 움켜잡은 채, 얼음장처럼 시린 겨울을 견디어내야 하고, 모진 비바람을 맞으며 시련을 이겨내야 만이 비로소 꽃을 피울 수가 있는 것이다. 따라서 꽃의 아름다움이란 역경을 딛고 일어선 의지의 산물이며, 매혹적인 꽃향기는 '드디어 해냈다'는 안도의 한숨처럼 충만감에서 풍겨 나오는 고상한 절정의 향내라고 할 수 있다. 꽃의 의지가 만들어낸 아름다움을 찬미하고, 감미로운 향기에 감탄사가 쏟아지는 데에는 그만한 이유가 있었던 것이다. 그러나 아름다움을 시기하고 질투하는 시간의 시샘으로 인하여 꽃은 오래 가지 못하고 시들어버림으로써 못내 아쉬운 여운을 남긴다. 꽃은 이 세상에 극적인 아름다움을 드러내기 위하여 자신의 모든 역량을 아낌없이 바친 것이다.

꽃을 피워내려는 마음과 같이 꿈을 향하여 도전하는 자는 현실에 연연하지 않고 미래를 두려워하지 않는다. 막연한 현실을 벗어나, 보다 이상적인 삶의 극치에 도달하려는 인간의 야망이 의지를 불태우며 야심에 찬 열의로 가득 차 있음이다. 꿈과 희망은 삭막함 속에서도 이를 극복하면서 견디게 하는 막강한 저력을 발휘하며, 시련을 딛게 하는 용기와 슬기를 준다. 꿈이란 미래에 대한 설계로써 현실로 실현시켜야 할 사명감을 부여하고, 자신이 존재하는 의미에 확실한 명분을 주기 때문이다.

자신이라는 존재를 속단하거나 능력을 비하하지 말라. 자신이라는 존재에는 자연의 원리와 이치가 작동하며 이를 논리적으로 생각하고 판단해낼 수 있는 요소들이 함축되어 있다. 그것이 꿈을 이룰 수 있는 자신의 무한한 잠재력이다. 뿐만 아니라, 자신이 살아있다는 것은 어떠한 절망 속에서도 기회가 남아있다는 뜻이며, 삶을 주도적으로 변화시킬 수 있는 능력을 보유하고 있다는 증거이기도 하다. 꿈을 이루는 데에 그 이상 무엇이 필요하겠는가.

인간은 그 사람이 지닌 덕목에 따라, 각기 크고 작은 마음의 그릇이 형성된다. 자기본위적인 마음은 자신이 먹을 꿈만을 작은 그릇에 담으나, 세상을 바라보는 마음은 모두가 함께 나누어 먹을 꿈을 큰 그릇에 담으려고 기를 쓴다. 이는 인간이 생각하는 차원의 정신적 고도에 따라, 달라질 수밖에 없는 마음의 반경을 뜻한다.

희망을 이루는 성공에 있어서도 그 사람이 지닌 덕목에 따라 '원초적인 성공' 과 '포괄적인 성공' 이 존재한다.

'원초적인 개념의 성공' 이라 함은 자신의 당면한 문제를 해결하기 위하여, 가난한 자가 부자가 되고, 미천한 자가 유명인사가 되듯이, 성공을 개인의 영달과 출세의 수단으로 삼는 것을 의미한다. 물론 일신의 출세라고 하여 그것이 잘못되었다는 뜻은 아니다. 하지만 한풀이 식의 출세는 자기만족이라는 한계를 지니고 있으며 자신을 과시하려는 허영심에 빠져 빈축을 살 우려가 있다. 과거에 비추어 '미꾸라지가 용이 되었다.' 는 뜻은 보잘 것 없던 사람이 출세를 함으로써 우쭐대는 것을 보고 상대적 열등감에 빠진 관망자가 그를 비아냥거리는 소리이다. 밥그릇 싸움과도 같은 경쟁시대에서 우위성을 차지하기 위한 상대적인 성공의 개념이 만연하고 있는 졸속적인 사회풍조를 단적으로 나타내는 부분이다. 그러나 호의호식이나 자기만족을 목적으로 하는 원초적인 성공의 의미적 가치는 오래 가지 못할 뿐만 아니라, 오래도록 기억해주는 사람도 없다. 원초적인 성공의 결과적 가치는 당사자만의 전유물로 빛을 발할 뿐, 대중에게는 그 가치가 미치지 못하기 때문이다. 자신의 부만을 챙기는 이기적인 성공은 상대적 빈곤감만을 부추김으로 반감을 살 수 있으며, 경우에 따라서는 거부감을 불러일으킬 수도 있다.

반면에 '포괄적인 개념의 성공' 이라 함은 원초적인 개념의 성공적 가치를 뛰어넘어 더불어 사는 대중과 함께 그 결과를 공유한다는 차원을 지닌다. 즉, 신약을 개발하여 암이나 당료병과 같은 난치병을 간단한 처방으로 완치시킬 수 있게 한다든가, 물에 원소의 분리기를 개발하여 수소와 산소를 분리시키고 연속적인 점화 플러그 장치에 의한 안정적인 연소에 이르게 함으로써 물을 무공해 에너지원으로 사용할 수 있게 한다면, 개발자의 성공적 영광은 물론 획기적인 그 혜택이 대중에게 파급됨으로 이상적이고도 포괄적인 성공이라고 할 수 있을 것이다. 또한 부자가 된 사람이 자신의 뜻에 따라 재단을 설립하고 어려운 사람을 돕기 위하여 자신이 번 돈을 뜻있게 운용한다거나, 유명인사가 자신의 위치에서 대중을 위한 합리적인 제도나 헌신적인 봉사를 실천하여 존경을 받는다면, 이러함도 포괄적인 성공의 개념으로 받아들일 수가 있다. 사회를 위해 기여한다는 것이 자칫 영웅 심리에 의한 허세로 받아들여질 수도 있다. 그러나 인간은 사회적 동물로서 사회의 문명적 혜택이나 정신적 혜택을 공유하며 나눔의 형태로 공존한다는 사실을 알아야 한다. 이 세상을 홀로 살아갈 수 있는 독불장군은 없다. 매일 먹는 밥이지만 밥상에 음식이 오르기까지 농부의 피땀과 여러 사람들의 삶의 애환이 담겨 있듯이, 요람에서 무덤까지 우리가 먹고, 입고, 쓰고, 버리는, 풍요로운 모든 것이 대중들 나름대로의 역할이 있었기에 가능한 일이다. 그들이 강건해야 자신이 강건할 수 있다는 공식이 성립된다. 뿐만 아니라 우리의 부모들이 고생하여 이룬 모든 공을 자식들에게 베풀어 왔듯이, 미래란 우리의 자식들이 타인과 결혼을 하여 가정을 꾸리고 나름대로의 꿈을 가지고 살아갈 세상이다. 따라서 현재의 타인은 미래의 가족이 될 수도 있으니 완전한 남이라고 규정지을 수가 없다. 하나의 공동체로써 서로 의지하고 조화를 이루며 살아가는 미래의 공간을 위하여 자신이 조금이나마 보탬이 될 수 있다는 것처럼 보람되고 의미 있는 일도 없을 것이다. 이렇듯 성공의 관점이란 이를 추구하는 자의 숭고한 가치기준에 따라 그 뜻을 달리한다.

이밖에도 성공의 의미는 다양하다. 형체적으로나 표면적으로 드러나지 않는 이상이나 사상을 바탕으로 다가서려는 이름이 성공으로 존재하기 때문이다. 그 가치 또한 절대적인 것이 아니라 그것을 추구하고 이루어내고자 하는 자의 가치기준에 따라 성공의 의미가 존재한다. 그것은 자신의 한계를 넘어서려는 안간힘일 수도 있고, 색다른 마음의 경지에 도달하려는 심리적 추구일 수도 있다. 이는 인간의 삶이 물질을 추구하는 실리적인 욕망뿐만 아니라, 이상을 추구하는 정신적인 욕망을 겸비하고 있기 때문이다.

가치관이 흔들리는 상태에서 목표란 쉽게 주어지는 것이 아니다. 자신이 그 무엇에 뜻을 두고 어떻게 살아야 할지를 심각하게 고뇌하고 절대 후회하지 않겠다는 확실한 신념을 갖아야 한다. 꿈이란 도전을 통하여 승패를 가르듯이 자신의 운명을 걸어야 하기 때문이다. 꿈이 지향하는 목표의 자태는 베일에 가린 채, 자신을 함부로 허락하지 않는 도도함을 지니고 있으며, 고결한 지조를 지키기 위해 완강한 저항력을 발휘한다. 상대의 음흉한 속내를 드러내는 듯한 치부를 거부하고, 상대의 애타는 마음에 토라져버리듯이 콧대가 높은 것이 목표의 매력이기도 하다. 목표에 도달하기 위해서는 사랑에 빠지듯이 그 매력적인 유혹에 빠져 포기하지 않는 근성이 필요하다. 목표에 도달하기 위해서는 희생을 각오하고 최선을 다하는 길밖에 다른 방도는 없다.

성공은 그 도도한 자리를 내주기 전에 도전자의 자질과 패기를 검증하려고 할 것이다. 도전은 기의 싸움에서 비롯된다. 실패를 너무 두려워하지 말라. 정작 두려워할 것은 실패를 너무도 의식한 나머지, 그 기세에 눌려 도전도 못해보고 영영 기회를 잃어버리고 만다는 사실이다. 자신의 능력을 제대로 발휘해보지도 못하고 자신의 가능성을 박탈당하는 것처럼 어리석은 짓은 없다. 가능성이 있다면 과감히 도전하라. 모든 일에는 훼방꾼이 있는 것처럼 심리적 부담으로 밀려오는 실패란 의식하면 할수록 기승을 부리며 자신의 기를 꺾어 제압하려는 엄포를 가하지만, 그것은 과장된 허세에 불과하다. 허세에 눌려 심리적으로 위축된다는 것은 마음이 여린 탓도 있겠지만, 자신감이 결여되어 의지가 약하다는 자질의 결함이기도 하다. 따라서 그 무엇인가를 이루기 위하여 도전을 할 때는 자기 자신에 대한 신뢰가 무엇보다 중요하기 때문에, '할 수 있다' 는 긍정적인 신념을 갖아야 한다. 물론 실패란 누구든지 겪을 수 있는 문제이다. 하지만 희망을 포기하지 않는 의지만 있다면 실패란 헤어날 수 없는 절망의 늪이 아니라, 좌절을 딛고 재기를 대비해야 할 성공의 차선책이라는 인식이 필요하다. 따라서 실패를 너무 의식하여 위축될 필요가 없다. 그저 잘해야 된다는 경각심으로만 받아들이고 최선을 다하라. 최선을 다하지 않고 성공을 훔치려고 하는 것은 양심에 찔려 부끄러운 일이나, 최선을 다했음에도 실패를 한 것은 결코 부끄러운 일이 아니다.

또한 아무리 자신감이 넘치는 일이라도 자만은 금물이다. 이도, 허세에 불과하기 때문이다. 자만은 방심을 부른다. 방심은 오만함의 허를 찔러 모든 일을 그르치기가 쉽다. 항상 자신에 대한 경계를 늦추지 말고, 보다 냉정할 필요가 있다. 노력을 기하여 형성되는 과정은 길고도 까다롭지만 그것을 탕진하고 그르치는 것은 한순간이기 때문이다.

성공의 진가란 어부지리로 얻어지는 것이 아니라, 순수한 자신의 노력으로 난관을 극복하고 극적으로 이루어내는 뿌듯한 성취를 뜻한다. 복권에 당첨되어 떼돈을 거머쥐었다고 하여 성공했다고 볼 수 없으며, 투기를 잘하여 부자가 된 것 역시도 성공이라는 의미를 부여하기엔 적합하질 못하다. 그것은 요행에 속하며, 요령을 부려 욕망을 채운 수단에 불과하기 때문이다. 돈만 많으면 성공이라고 보는 것은 돈이면 안 되는 일이 없으므로 돈이 최고라는 물질만능주의가 만들어낸 과시적 허구이다. 돈이란 풍요로움의 상징이지만 돈으로 살 수 있는 환락적인 탐욕 그 자체가 삶이 희구하는 정신적 가치관을 능가하지는 못하기 때문이다. 돈에 노예가 되어 돈에 끌려 다니는 사람은 세상을 제대로 보지 못한다. 오로지 돈밖에 보이질 않기 때문이다. 정작 많이 벌어들인 돈을 제대로 쓰지도 못하면서도 더 많은 돈을 많이 모으기 위하여 자신의 일생을 오로지 돈에만 바치는 것이다. 그러면서도 돈을 왜 더 벌어야 하는지를 모른다. 사리사욕에 빠져 그저 많으면 좋다는 일념뿐이다. 하지만 돈의 성격은 냉정하면서도 타산적이다. 그러므로 인간의 순수한 정서적인 측면이 결여되어 있는 상태에서 모든 관계를 거래라는 관점으로 받아들인다. 뿐만 아니라 주종적인 관계를 양생해냄으로써 돈이 사람을 다루듯이 인간의 도덕적 가치를 파괴하고 인격을 유린한다. 경우에 따라서는 갖은 자를 교활하고도 거만하게 만들며, 없는 자를 간사하고도 치사하게 만든다. 삶의 비애를 느끼면서도 빵을 얻기 위해서 웃음을 팔아야 하는 것처럼, 이익을 위하여 양심을 팔아야 하며, 속지 않고 적당한 대가를 지불하기 위해서는 안살 것처럼 트릭을 쓰며 실랑이를 부려야 하는 것이 돈의 속성이다. 따라서 돈의 진정한 가치란 돈 그 자체에 있는 것이 아니라 그 돈을 운영하는 사람의 마음가짐에 달려

있으며, 부자와 가난한 자의 구분선 역시도 절대적인 것이 아니라 상대적인 것이라는 점을 알아야 한다.

경쟁사회를 살아가는 현대인들은 성공의 개념을 순수한 자신의 성취에 목적을 두는 것이 아니라, 상대와 비교하는 우월감의 잣대로 모든 것을 평가하려는 경향이 짙다. 이유야 어쨌든 상대를 무조건 이겨서 우위를 점거하고 보자는 식이다. 철저한 경쟁시대에 있어서는 상대를 쓰러트려야 내가 산다는 개념이다. 따라서 남의 불행이 자신의 행복이요, 남의 기쁨을 자신의 비극으로 받아들인다. 선의의 경쟁이란 허울 좋은 소리에 불과하다. 이기면 살고, 지면 죽을 뿐이다. 자신이 승리하는 것은 당연하게 받아들이면서도 상대가 이기면 분노를 삭이지 못하는 것도, 결국은 상대적 박탈감에서 비롯되는 심리적 반발에 의한 것이다. 자신의 가치관이나 소신이 결여된 상태에서 막연한 경쟁의식이 만들어내는 일류병에 의하여 사회가 획일적으로 물들어가는 풍조이다. 남과 경쟁하여 보다 좋은 일류 대학에 진학을 하고, 이를 기반으로 보다 좋은 일류 직장에 취직을 하여, 보다 좋은 환경에서 일류생활을 꿈꾼다. 자신이 최고이어야 한다는 배타적인 사고방식은 자신의 이익에 배치되는 일은 거들떠보지도 않으려고 들며, 자신의 실리를 위해서라면 남의 불행도 강 건너 불구경이다. 남이야 어찌되든 나만 잘되면 그만이라는 생각은 사회의 조화를 뿌리 채 뒤흔드는 위험한 발상이며, 스스로가 배타적인 길을 걸음으로써 고립을 자초하는 이기심에 불과하다. 경쟁을 통하여 남의 몫을 쟁취하고 독차지함으로써 승리감에 젖어 배불리 잘 먹고 편하게 잘사는 것만이 성공을 의미하지는 않는다. 그것은 인간이 만들어낸 경쟁적 방식을 빙자한 승자의 합리적인 침범에 불과하며, 경쟁에서 어이없이 밀린 패자는 졌다는 이유로 할 말이 없을 뿐이다. 진정한 성공이라 함은 상대를 침범하지 않는 선상에서 그 의도가 순수하여야 하며, 목적에 따르는 결함이 없어야 한다. 타에 모범이 되는 이상과 꿈을 실현하여 정신적으로 존경받을 수 있는 덕목의 가치가 사회적으로 공감대를 형성할 때 성공의 가치는 의미를 지니며 빛을 발하는 것이다.

인간의 사고적인 영역은 범주의 틀을 깨지 않는 한, 고정관념에서 벗어날 수가 없다. 자신이 살고 있는 영역에 국한되어 한정된 생각이 그 주위를 맴돌 뿐, 보다 먼 곳을 생각지도 못함이다. 자신이 살아가는 영역 밖은 남의 세상쯤으로 여기고 산다. 근시안적인 사고방식으로는 보다 원대하고도 광활한 미래를 볼 수 없다. 따라서 비좁은 우리에 갇힌 돼지처럼 서로가 더 먹겠다고 밥그릇 싸움이나 하는 격으로, 상대와 신경전을 벌리며 서로가 잘났다고 다투기 일쑤이다. 고정개념을 벗어나지 못하는 그 좁은 영역은, 안락하게만 느껴지는 생존의 터전일 테이고, 세상을 바라보는 시야의 전부이자, 더 이상 생각할 수 없는 개념의 전체일 수밖에 없다. 개성을 묵살당한 채 그곳에 길들여진 당사자들은 그 영역이 자신의 생존을 보호하는 안전한 울타리라고 여길 뿐, 자신을 가두어두고 있는 태두리라는 생각은 전혀 하질 않는다. 그 비좁은 영역에서 아무리 잘난 척을 하고, 아귀다툼으로 주도권을 잡았다고 한들 크게 달라질 것이 무엇이란 말인가. 고정개념을 깨라. 비록 황막하게만 느껴져 두려울지라도, 보다 큰 뜻을 품고 넓은 세상으로 나올 생각을 하라. 연명하기 급급하여 세상을 포기할 수는 없질 않은가.

누군가에 기대여 눈치나 보면서 한평생을 살아가려고 한다면, 그것처럼 처량한 일도 없을 것이다. 월급을 받아가며 살아보았다면, 자신의 사회적 연륜과 경험을 바탕으로 지혜를 발휘하여 월급을 지불하며 살아가는 오너가 되어보겠다는 꿈을 꾸어보아라. 사업은 돈으로만 하는 것이 아니다. 이 사회가 무엇을 필요로 하는가를 먼저 생각하고, 고객의 입장이 되어 확신이 선다면 도전의 가치는 충분하다. 시대에 맞는 기발한 아이디어로 아이템을 선정하고 합리적인 경영 기법을 고안하여 새로운 가치를 창출하는 것이 사업이다. 단지 돈이나 많이 벌겠다는 생각으로는 결코 성공할 수가 없다. 사업이란 개인의 이득만을 챙기는 것이 아니라 서로 공생공존하며 혜택을 나눈다는 개념이기 때문이다. 부와 명예에 눈독을 들이지 말라. 그것은 자신이 성공에 이르렀을 때 저절로 따라붙는 부산물에 불과하다. 불로소득이나 요행도 기대하지 말라. 공짜는 자신을 유혹하여 옭아매는 미끼에 불과하며, 덩달아 따라붙는 군더더기에는 셈을 흐리게 하는 독기가 서려있다. 비록 작게 시작하더라도 내실을 기하며 그 분야에 최고가 되어 가장 이상적인 직장을 만들어보겠다는 야망이 있어야 한다. 나는 절대 못한다고 잡아떼는 것은 못하는 것이 아니라, 자신감이 없다는 이유로 시도조차도 하지 않으려는 발뺌에 불과하다. '사업을 아무나 하냐?' 고 반문한다면 신념에 찬 확신과 의지만 있다면 아무나 하는 것이라고 말하고 싶다.

사업은 홀로서기이다. 평생을 무언가에 의지하며 기대여 살다가 홀로 된다는 것이 쉽지는 않을 것이다. 하지만 인간은 어차피 홀로 남겨지는 것이라는 것을 냉정히 받아들여야 한다. 평생직장이란 있을 수 없다. 낡은 것에서 새로운 것을 추구하는 사회는 순환을 원한다. 아무리 좋은 회사라도 나이가 들어 추하게 버티다가 내몰리기 전에 후배들에게 새로운 기회를 내주는 것이 사회적 미덕이기도 하다. 어쨌든 직장에서 밀려나 무엇을 할 것인가를 고민하며 길거리를 방황할 즈음이면 적절한 기회를 놓쳤다는 후회만이 남을 것이다. 밥줄이 끊겨 할 수 없이 시작하는 일은 자신의 의지와 상관없이 끌려가는 꼴이 되어 죽지 못해 살아가는 어쩔 수 없는 삶을 의미한다. 이에 대비하라. 자신이 무언가의 번창을 이루어낸다면 그보다 보람차고 기쁜 일은 없을 것이다. 또한 새로운 일자리를 창출하여 사회에 기여할 수 있다면 크나큰 자부심도 느낄 수 있을 것이다. 따라서 오늘에 고정관념은 미래의 족쇄라는 사실을 잊으면 안 된다. 자신을 옭아매고 있는 마음에 족쇄를 당장이라도 풀어버려라. 안일한 현재를 자만하지 말고 미래를 예측하고 대비하기 위함이다. 그에 대한 유일한 대안은 자신을 새롭게 창조하려는 노력으로 미래에 대한 희망을 발굴하여 과감하게 도전하는 길이다.

인간의 찬란한 문명은 인간의 도전적 가치가 숭고한 결실로 남겨진 값진 유산이라고 할 수 있다. 경박함을 압도하는 우장한 조형물이나 건축물에는 보다 큰 의미적 표상을 상징하고자 하는 건축가들의 장엄한 의지가 담겨 있으며, 청자나 백자의 단아하면서도 우아한 자태 그리고 작은 화폭에 담겨있는 불후의 명작 속에는 열정을 불태운 작가들의 예리한 투혼이 담겨있다. 아쉬운 여운으로 진한 감동을 불러일으키는 문장들과 한편의 시 속에는 인간의 번민과 고뇌를 극적으로 표출해내려는 작가들의 거친 숨결이 살아있으며, 아름다운 선율로 그려낸 명곡들 속에는 강렬하고도 애달픈 곡조로 인간의 정서를 흔들어 깨우려는 작곡가들의 심정이 감동으로 전해진다. 또한 이상적인 삶을 구현해내려는 학문과, 자연의 섭리와 이치의 원리를 파헤치고 이를 응용하려는 물리, 그리고 끝없는 탐구를 통하여 삶의 질을 높이려는 과학 등, 각 분야에 뜻을 두고 투혼을 불사른 위대한 도전자들로 인하여 과거보다 찬란하고도 진보적인 오늘이 있는 것이다.

그들이 커다란 업적을 남기고 역사에 이름을 남길 수 있었던 것은 원대하고도 보다 이상적인 꿈을 지녔기에 가능했던 점이다. 자신들이 꿈꾸는 이상적인 가치를 구현해내기 위해 자신을 바친 그들을 생각해보라. 좌절과 시련 속에서도 자신의 뜻을 굽히지 않고 끝내 도전을 포기하지 않았던 그들의 일화는 한편의 드라마처럼 현대를 살아가는 사람들에게 진한 감동을 주면서 소중한 귀감이 되고 있다. 그들이 그 어려운 난관을 극복하면서도 피나는 노력으로 자신의 뜻을 이룰 수 있었던 것은 '어떠한 일이 있더라도 기필코 해내고야 말겠다.' 는 필사적인 사명감을 지니고 있었기에 가능했던 일들이다. 불굴의 투지를 발휘하는 사명감은 소중하고도 새로운 가치를 창출하기 위해 자신의 모든 것을 아낌없이 내던질 줄 아는 투혼의 정신을 말한다.

투혼을 불사르며 그들이 추구한 것은 결코 돈이나 명예 따위가 아니다. 보다 높은 이상의 가치를 창출해내고자 고뇌하며 고난을 감수해내야만 했던 그들에게 돌아간 것은 자신의 부귀영화가 아니라, 희생적인 삶 그 자체였던 것이다. 사랑에 열병을 앓는 사람처럼, 자신이 추구하는 것에 대한 집착이 무엇보다 강력하게 작용하고 있었다는 것을 짐작할 수가 있다. 미흡한 현실에 자신의 가치를 불어넣듯 이상에 도전하여 꿈을 이룰 수 있다는 것은 생각만 하여도 사람을 설레게 한다. 자신의 독창적인 가치를 창출해낼 수 있다는 자신감이, 스스로의 내면에 잠들어 있던 자신의 잠재력을 일깨우기 때문이다. 이는 위대한 자신의 존재적 가치의 재발견으로써 새로운 가치창출을 위한 동기를 부여하고 희망찬 삶의 의미를 고취시킨다. 속박된 삶으로부터 이상의 나래를 펴고 비상을 꿈꾸는 간절한 바램이 자신을 손짓하며 강하게 끌어당기기 때문이다.

인간은 그 무언가가 자신을 필요로 했을 때, 생동감이 넘치며 행복해 한다. '방황하는 존재여, 안정이 필요하거든 꿈을 가져라.' 아무리 외쳐보아도 이 세상에는 꿈이 없이 무작정 살아가는 사람들이 부지기수이다. 그들이 꿈이 없는 것은 욕망이 없어서가 아니라 어떤 꿈을 어떻게 가져야 하는 줄을 모르기 때문이며, 현실의 굴레에 갇힌 답답함에서 공상의 틀을 벗어나지 못하고 있다는 점을 지적할 수가 있다. 그러다보니 막연한 상태에서 마음의 허기를 달래기 위해 돈과 명예를 한손에 거머쥔 미래의 자신을 상상하다가 '어떻게?' 라고 물으면, 곤두박질치듯이 막막한 현실의 바닥으로 추락하고 마는 것이 고작이다. 잘 먹고 잘 사는 것을 바라는 마음은 꿈이 아니다. 욕망일 뿐이다. 불안한 현실을 탈피하려고 망명지나 도피처를 찾듯이 꿈을 찾는다면 꿈은 절대로 보이질 않는다. 따라서 그들이 꿈을 갖지 못하는 근본적인 이유는 스스로가 '꿈을 찾으려는 의지' 를 갖으려고 하질 않고 '꿈이 저절로 굴러 떨어지기를' 기다리고 있기 때문이다.

'너' 라는 존재는 이 세상 그 누가 대신할 수가 없는 너만의 고유성을 지니고 있다. 이를 의역하자면, 너 아니면 아무도 해낼 수 없는 너만의 자질과 너만의 몫이 이 세상에 존재한다는 것을 의미한다. 사회의 일반적 기준으로 만들어낸 교과의 잣대라든가, 사회의 통념적 기준으로 만들어낸 측정의 잣대에 의하여 너의 능력을 속단해서는 안 되며, 가치관이 흔들려서도 안 된다. 사람을 단적으로 평가할 수 있는 절대적 평가 기준이란 이 세상에 존재하지 않기 때문이다. 자신이 무능하여, 해도 안 될 것이라는 부정적인 생각은 자신을 스스로 옭아매는 자기최면에 불과하다. 세상은 무한하므로 세상과 소통하고 있는 너 또한 한계가 없다는 것을 알아야 한다. 단지 너를 막고 있는 것이 있다면 그것은 스스로가 체념으로 쌓아놓은 마음에 벽이라는 것을 알라. 그것을 허물어내는 자만이 세상으로 나갈 수가 있다.

세상이 있어야 자신이 존재할 수 있고, 자신이 있어야 세상이 존재하는 의미가 있듯이, 자신과 세상은 별개로 존재하는 것이 아니라 더불어 공존한다는 사실을 알아야 한다. 그러므로 자신이 이 세상에 바라는 것이 있다면, 이 세상 역시도 자신에게 그 무엇인가를 바라고 있다는 점을 상기하라. 꿈을 마음에 들이기 위해서는 자신의 내면에 잠들어 있는 잠재력을 흔들어 깨워야 하며, 세상의 부족한 점을 채워주려는 자세와 노력이 우선시 되어야 한다. 세상의 미흡한 부분들 중에 자신의 능력으로 충족시킬 수 있는 부분을 면밀히 탐색하고 연구하라. 충분히 도전할 가치가 있고 가능성이 있다면 희망을 가지고 그것을 추구하라. 그 문제를 푸는 방법은 세상의 이치와 원리 속에서 독창적인 너의 방식으로 그 해답을 구할 수 있으리라. 하지만 졸속적이고도 근시한적인 시대의 노림수는 피하는 것이 좋다. 일시적인 노림수는 시대의 변천에 따라 무가치함으로 전락하기 쉬우며, 너무도 단조로운 꿈은 타인에게 선점당하기 십상이다. 따라서 보다 멀리 보고 불변적 이상의 가치를 추구하는 것이 바람직하다. 목표란 초지일심으로 흔들림이 없어야 하며 결과에 대한 의혹의 여지가 없어야 함이다.

꿈은 미래의 상징이다. 세월이 미래를 맞이하기 위하여 현재를 과거 속으로 묻어버리듯이, 꿈을 위해서라면 현재의 호사를 버리고 미래에 전념할 자세가 필요하다. 타인의 삶을 모방하거나 답습하려 하지 말고 자신이 선택한 부분에서 최고가 되겠다는 목표를 가지고 색다른 대안을 모색해야 한다. 현재는 미래의 과거일 뿐이다. 따라서 현재의 관점으로 미래를 설정한다는 것은 부적절하다. 미래의 관점으로 현재를 바라보고 나름대로 설정한 근거를 체계적으로 정립시켜야 한다.

자신의 인생을 대신 살아줄 사람은 없다. 꿈은 미래에 대한 자신의 약속으로써 소신이 있어야 하며 남의 말에 쉽게 흔들려서는 안 된다. 허울 좋은 체면이나 위신 따위는 내다버려라. 꿈은 환상이 아니라 미래의 현실이며, 한계에 도전하는 자신과의 투쟁이다. 자신과 싸우는 전사는 몸을 사려서도 안 된다. 삶에 있어서 몸이란 남김없이 쓰고 미련 없이 버려지는 것이라는 진리를 받아들이고 실천하는 자세를 가져야 한다.

너는 할 수 있다. 의지를 가지고 도전하라. 너의 진정한 가치는 현재에 있는 것이 아니라 보다 높은 이상에 달려있다. 그곳으로 향하라. 세상은 도전하는 자의 것이다. 하늘을 나는 저 새들처럼 꿈에 나래를 펴고 이상적인 곳을 향해 보다 높이 비상하라.

리더십

리더십

일반적으로 리더십이란 뚜렷한 목적을 가지고 구성된 집단체인 조직을 이상적으로 이끄는 능력과 힘을 말한다.

조직이란 무엇인가? 그것은 바로 우리의 몸과 같은 것이다. 인간의 신체는 오장육보는 물론이거니와 그 어느 한 부분이라도 소중하지 않은 것이 없다. 어느 한 부분이 장애를 일으키거나 병이라도 발생한다면 그 영향이 한 부분에 그치는 것이 아니라, 몸 전체로 전이된다. 뿐만 아니라 이를 방치하였을 때, 전체적인 기능의 마비를 초래하여 극한 경우 귀중한 생명까지도 잃는 수가 있다.

신체의 각 부분이 그 생김새나 수행하는 역할은 각기 다르지만 서로가 상호적인 관계를 갖고 있으며, 이러한 조직적인 역할분담이 조화를 이루어냄으로서 경이로운 생명을 유지하는 것이다.

이처럼 우리의 몸과 같은 조직이란, 하나의 목적을 달성하고자 모인 사회적 결정체로서 그 운명을 같이한다. 조직의 단합된 결집력은 미래를 향한 강인한 생명력을 의미한다. 하지만 조직 내의 분열은 조직을 병들게 하고 결국에 가서는 모두를 황폐화시킨다. 사회에도 약육강식의 원칙이 존재한다. 강인한 조직만이 사회를 선도해나갈 수 있으며, 약한 조직은 강한 조직에게 잡혀 먹히게 되어있다. 조직적인 사회를 살아가는 우리로서는 자신의 행동 그 하나가 조직의 사활과도 직결되어 있다는 점을 인식해야 할 것이다.

그렇다면 리더십이란 무엇인가? 그것은 우리의 몸을 떠 바치는 정신과도 같은 것이다. 조직의 결정체인 집단의 이상을 실현하기 위하여 행동을 이끄는 마음과 같다. 아무리 건장한 몸을 지녔다고 하더라도 현명한 판단과 올바른 정신을 지니지 못했다면 미래는 보장되지 않는다. 욕심은 누구에게나 있다. 하지만 세상일이라는 것이 마음먹은 대로 되는 것만은 아니다. 현실을 직시하고 현실 가능한 이상을 갖아야 한다. 강인한 정신으로 자신을 무장하고 성취를 향한 도전의식을 고취시켜야 한다. 이 세상에 가장 무서운 것은 자신을 이해하고 덮어주는 행위이다. 냉정한 세상의 입장이 되어 자신을 차갑게 대하라. '자신이 자신을 어떻게 다스리느냐' 에 따라서 성공을 거머쥘 수도 있고, 비참한 패배자가 될 수도 있기 때문이다.

미래는 새로움을 기다리고 있는 깨끗함 그 자체이다. 소중하고도 경건한 그 미지의 세계에 과연 어떠한 꿈을 그려 넣을 것인가. 미래는 모든 가능성을 제시하고 있는 기회의 공간인 셈이다. 당신의 능력을 믿고 따르는 조직의 장래를 생각하라. 리더에게는 조직원들의 미래를 유린할 권리는 없고 책임질 의무만이 따를 뿐이다. 그럼에도 불구하고 현실적 편견에 빠져 미래를 속단하듯, 한계의 선을 긋는다는 것은 커다란 잘못이다. 처지나 여건을 탓하지 말라. 자신의 암시에 빠져 스스로의 무덤을 파는 격이다. 속단이란, 현실과 적당히 타협하려고 할 때, 여린 마음속으로 은근히 끼어들어 텃세를 부리는 고정관념과도 같다. 스스로의 족쇄를 풀고 새로운 목표를 향해 나가겠다는 강인한 정신만이 조직이 살아갈 길이다.

리더는, 조직을 자신의 몸처럼, 리더인 자신을 투철한 정신처럼, 생각하고 냉혹한 현실을 똑바로 직시하여야 한다. 공과 사를 명확히 구분해야 하며, 자신의 경솔한 행동하나가 조직의 기강을 뿌리 채 흔들어 놓을 수도 있다는 점을 명심해야 한다. 리더는 조직에 꿈과 희망을 제시하여야 한다. 그러지 못한다면 리더가 아니다. 리더는 조직에 살고, 조직에 죽으며, 조직에 묻힐 줄 아는 희생정신을 지녀야하며, 돈보다도 명예를 가장 큰 재산으로 여겨야 한다.

리더의 기본은 목표를 향한 도전정신이다. '최선을 다할 뿐' 이라는 낡은 사고방식은 버려야 한다. 최선을 다하면 도태될 수밖에 없다. '최선을 다할 뿐' 이란 생각은 '최선을 다해 못해도 할 수 없다' 는 자기 합리화로 해석되기 때문이다. 뿐만 아니라, 최선을 다했지만 역시 안됐다는 자기 암시에 빠질 우려가 크다. 이러한 사고방식에 점점 물들다보면 결국에 가서는 아무리 해도 안 된다는 최악의 사태로 전락하고 마는 것이다. 리더란 다른 것은 다 양보할 수 있어도 목표만큼은 절대로 양보할 수 없다는 의지를 갖고 조직을 이끌어나가야 한다. 그 길만이 조직을 살리고 자신이 사는 길이다. 한번 달성한 목표에 만족하고 안주해서도 안 된다. 실적이란 한번 무너지면 되살리기가 힘들다. 실적은 목표에 도달했을 때, 사기가 충천하고 가속적 탄력을 받아 추진력이 발생한다. 목표를 뛰어넘어 기록에 도전하라. 희망에 한계란 존재하질 않는다. 가능성이 있다면, 일단 부딪치고 보는 것이다. 한계를 무너트리는 것은 패기이며, 할 수 있다는 의지는 초인적인 힘을 발휘한다. 과정이 어려울수록 스릴을 즐기고, 위기의 상황에선 보짱 있게 행동하라. 극한 상황을 극복하고 힘겹게 얻어낸 승리가 이루 말 할 수 없는 뿌듯한 감격과 희열을 선사한다. 그 짜릿한 성취감을 먹고사는 존재가 바로 리더인 것이다.

조직 내에서는 '리더가 어떻게 처신하느냐' 에 따라서 그 조직이 일류가 될 수도 있고, 삼류로 전락할 수도 있다. 리더의 능력이란 조직을 이끌어 가는 응집력과 결단력에 달려있다. 리더는 결코 현실과 타협하면 안 된다. 현실성을 고려하여 적당한 절충선이나 찾다보면 합리적인 변명에 빠져들기 때문이다. 도전에 발목을 잡는 그러한 발상은 조직을 병들게 할 뿐이다. 따라서 조직을 이끌어감에 있어서 가장 큰 적은 자기합리화이다. 리더는 자신이 생각하고 행동하기 전에, 조직에 미칠 영향을 고려해야 한다. 목표를 향한 전략과 활동지침에는 리더는 물론, 조직원들의 모든 가치가 걸려 있다. 리더는 이 모든 것을 자신이 책임진다는 각오로 임해야 한다. 그래야만 조직이 리더를 믿고 따른다. 능력이 없는 리더는 자신을 정당화하며 조직의 무능함을 탓하지만, 능력이 있는 리더는 조직원의 실수조차도 자신을 탓한다. 리더와 조직은 따로 떨어트려놓고 생각할 수 없는 하나의 공동운명체이기 때문이다. 리더가 생각하는 의식구조에 따라서 무능한 조직이 번성할 수도 있고, 강한 조직이 와해될 수도 있다는 뜻이다.

리더는 뚜렷한 주관과 투철한 사명감을 지녀야 한다. 쓸데없는 영웅심리에 빠지거나 상황에 따라 소신을 달리한다면 조직원으로부터 따돌림을 당할 것이다. 신뢰감은 리더의 생명이며, 소신은 리더의 자존심이다. 리더는 조직원들의 선구자로서 결코 비굴함을 드러내서는 안 된다. 조직원들의 문제는 곧 리더인 자신의 문제이기 때문에, 그들에게 그 책임을 떠넘길 것이 아니라 자신이 책임진다는 의식을 지녀야 한다. 난제는 자신이 해결하고, 공적은 그들에게 나누어주어라. 그들이 있기에 자신이 존재한다는 점을 잊어서는 안 된다. 조직원들은 리더를 믿고 따르는 존재이다. 또한, 조직원들은 리더의 분신이자, 자존심인 것이다. 그러므로 리더는 조직의 방패가 되어 조직원들을 지켜내야 할 의무가 뒤따르는 것이다.

리더는 회사의 꼭두각시가 아니다. 리더가 회사의 입장을 대변한다고 할지라도, 불합리함이 주는 조직 내의 불이익을 결코 묵과해서는 안 된다. 조직원들이 회사에 불만을 느끼게 될 경우, 반감으로 인하여 조직의 기강이 무너지고 결국에 가서는 회사에게도 불이익이 돌아가기 때문이다. 사람이 지조를 지킨다는 것은 자신의 입장에서 쓸데없는 고집을 고수하는 것이 아니라, 자신의 솔직한 양심을 지키는 것을 말한다. 잘못된 것을 뻔히 알면서도 후한이 두려워 묵과해버린다면 자신 스스로도 비열함을 느낄 것이다. 옳지 않은 일은 그 누구의 눈치를 볼 필요가 없다. 시정을 요구하며, 가차 없이 밀어붙이는 당당함만이 궁극적으로는 조직이나 회사를 위하는 일일 것이다. 뿐만 아니라, 리더는 치부하는 식으로 회사의 입장에 서서는 안 된다. 언제나 회사의 약자인 조직원들의 입장에 서서 그들의 권익을 보호하고 불합리함에 맞서 싸우는 정의로움을 갖아야 한다. 그들의 권익은 자신의 권익이며, 결국에 가서는 회사의 권익이기도 하다.

리더의 강력한 응집력과 지도력은 독선에서 나오는 것이 아니라, 사람을 포용할 줄 아는 온유한 덕과, 맺고 끊음이 확실한 성품이 어우러져 나오는 것이다. 그러므로 사람을 대할 때는 따듯하게 대하고, 일을 할 때는 냉정하게 하여야 한다. 조직원들은 리더의 종속 자가 아니다. 업무의 협력자일 뿐이다. 리더는 그들을 속박시키려고 하지 말고 조직의 주인공으로써 자율성을 존중해 주어야 한다. 업무를 수행하다가 발생하는 외부적 스트레스를 사무실 안에서 풀 수 있도록 도와주는 것이 좋다. 조직의 분위기는 생동감이 생명이다. 사무실은 마음껏 일을 하는 곳이지 정숙한 예배당이 아니다. 그들이 마음껏 활개 치며 신나게 일을 하도록 자율적인 분위기를 조성해줘라. 일을 힘들게 시키려고 하지 말고 저절로 돌아가게끔 하는 것도 리더의 탁월한 능력이다. 리더는 조직원들 위에서 감시하고 군림해서는 안 되며, 항상 그들을 떠 바치는 의지에 힘이 되어주어야 한다.

철저히 기계적이면서도 체통이나 지키려는 권위의식은, 마치 리더와 조직원들 사이에 유리벽을 쌓고 있는 것이나 진배없다. 업무적인 일이나 사적인 면에서 발생될 수 있는 불평불만과 논란의 소지를 차단하고, 권위에 대한 도전을 미연에 방지한다는 차원에 대해서는 하나의 방편이 될 수도 있다. 하지만 단절감에서 오는 이질감이나 위화감이 조성되어 원만한 관계를 기대할 수가 없다. 원리원칙에 따라 딱딱 끊어지는 명령조의 지시는 반발 심리를 유발시킨다. 뿐만 아니라, 서로가 차단된 심리로 인하여 정서를 달리하기 때문에, 조직원들의 심리적 동태를 정확히 파악할 수가 없고 서로가 이해 타산적으로 흐를 수밖에 없다.

따라서 이를 강력한 통치라는 개념의 카리스마라고 하면은 잘못된 생각이다. 진정한 카리스마란 이 같은 독선을 뜻하는 것이 아니다. 자율성을 보장하고 개성은 수용하되, 조직의 목적이나 운영방침에 있어서 확고히 정해진 원칙을 강력한 의지로 고수하겠다는 기강을 뜻한다. 넓은 의미에서의 강력한 원칙이란 단순히 자율을 저해하는 규제가 아니라, 조직을 유지하는 기초인 동시에 조직을 번창시켜나가려는 토대인 것이다. 원칙이란 지키기 위하여 만들어졌듯이, 조직 내에서는 그 누구라도 이를 어기면 안 된다. 사사로운 감정에 동요되어 단 한번이라도 예외를 둔다면 그 순간 원칙은 무너진다. 형평성의 문제가 대두되어 불만 세력이 형성되기 때문이다. 조직의 법이라고도 할 수 있는 원칙이 무너지면, 조직의 응집력이 분열되어 걷잡을 수 없는 사태를 초래한다. 따라서 카리스마란 조직의 초석이 되는 원칙으로부터 이탈과 분열을 미연에 방지하고, 조직의 기강을 바로잡으려는 강인한 통치력을 의미한다.

조직의 기강은 그 조직의 생존의식과도 같다. 기강이 무너지면 조직은 망한다. 조직에는 근본적으로 지켜야 할 원칙이 분명해야 하며, 리더인 자신에게도 예외를 두어서는 안 된다. 급급한 실적에 눈이 멀어 원칙을 벗어난 편법을 쓴다면 당장에 이익을 얻을지는 몰라도, 결국에 가서는 모든 일이 편법으로 흐를 것이다. 원칙의 붕괴는 조직의 침몰을 의미한다. 따라서 작은 것을 위하여 큰 것을 잃는 어리석음은 아예 하질 않는 것이 좋다. '운영의 미' 라고 불리는 융통성 또한 원칙의 범주를 벗어나서는 안 되며, 조직원들 사이에 편견적으로 적용하여서도 안 된다.

일이란 밀어붙인다고만 되는 것이 아니다. '하자는 분위기' 에 따라 흥에 겨워 치솟는 상승무드를 타야 한다. 신바람 나게 차오르는 청룡열

차에 그들을 태우는 것은 리더의 역할이다. 뒷일은 자신이 책임질 각오를 하고, 신나게 북을 치며 그들을 앞으로 전진시켜라. 최 일선에서 일하는 그들에게 있어서 자신감에 찬 용기 보다 강한 무기는 없다. 냉정한 현실에서 몸을 사리면 승리를 기대할 수가 없다. 리더가 그들의 방패가 되고, 뒤쳐지는 쓰라린 패배의 상처를 달래주어야 한다. 훌륭한 명장 밑에 용감한 병사가 있게 마련이다. 그들이 타고난 싸움꾼이라서 그런 것만은 결코 아니다. 명장은 병사에게 확실한 믿음과 사랑을 주고, 병사는 명장에게서 우러나오는 신뢰와 존경에 대한 충성심으로 자신을 바치기 때문이다.

인간의 힘이란 몸에서 나오는 것이 아니라 강인한 정신에서 나온다. 리더는 조직원들의 정신적인 지주이다. 그렇기 때문에 어떠한 경우에도 그들에게 고립감이나 이질감을 주어서는 안 되며, 실망의 빛을 보여서도 안 된다. 조직원들에게 리더의 노골적인 실망이나 체념을 표출한다는 것은 조직원들의 자존심을 모독하는 행위이다. 따라서 결과에 따르는 기쁨은 함께 하되, 씁쓸함은 홀로 씹고 삼켜야 한다. 사람이 하는 일이란 능력과 관계없이 인위적으로 안 될 때도 있다. 풀이 죽어 있는 그들에게 엎친 데 덮친 격으로, 저조한 실적의 시시비비를 따지듯이 추궁하거나 쪼는 듯한 인상을 줌으로써, 그들을 심리적으로 위축시켜서는 안 된다. 항상 그들의 입장에 서서 문제를 함께 풀어간다는 자세가 필요하다. 일이 제대로 풀리지 않을 때, 정작 힘들어하는 것은 그들이다. 좋은 날이 있으면 궂은 날도 있듯이, 그들을 격려해 주고 재도약의 기회로 삼을 줄도 알아야 한다.

일이 잘 풀리지 않아 조직이 위축되는 느낌이 들 때, 조직의 분위기쇄신을 위한 변화를 시도할 필요가 있다. 리더는 새로운 분위기를 창출하고 이끌어 갈 줄 알아야한다. 조직원들의 사기를 북돋아준다고 회식을 하며 여흥을 즐김으로써 스트레스를 푸는 것도 좋지만, 시간이 허락한다면 산이나 바다로 원정을 떠나는 것이 좋다.

떠나는 마음, 그 자체가 찌든 일상을 털어버리는 듯한 해방감을 준다. 떠나는 즐거움 속에 허물없는 대화를 주고받다 보면 서로를 보다 빠르게 교감하고 이해하게 된다.

힘겨운 산행으로 서로를 끌어주고 밀어주다 보면 동료의 연대의식이 강해지며, 산 정상에 올랐을 때 모두가 해냈다는 상큼한 성취감을 맛볼 수 있다. 희열감을 느끼며 산 정상에서 세상을 내려다보면 큰마음이 생긴다. 현실에 속박되어 있던 스트레스가 자연히 풀리면서 자유로운 해방감을 느낀다. 아등바등 했던 옹졸한 마음이 정화되면서 남을 탓하기 전에 자신을 스스로 뒤돌아보게 한다. 리더의 듣기 싫은 잔소리보다 자연이 들려주는 진실적인 가르침이다.

끝없이 펼쳐진 바다에서 느껴지는 감회도 이와 같다. 묵은 것을 씻어주듯 한없이 밀려오는 파도와 그 시원한 파도소리. 탁 트인 넓은 바다만이 주는 낭만에 젖어 찌든 마음들을 바람에 날려버릴 수가 있다. 천진난만한 순수함을 느끼며 서로의 마음을 터놓을 수가 있다. 자연은 인간을 사랑으로 감싸는 생명의 어머니인 동시에, 잘못된 삶을 뉘우치게 하고 새로운 인생을 가르쳐 주는 스승과도 같은 존재이다. 리더는 이러한 자연을 통하여 조직원들에게 스스로의 깨우침을 제공해 줄줄도 알아야 한다.

리더는 조직원들을 끈끈한 인간적인 관계로 발전시켜나가야 한다.

개개인의 고민이나 갈등을 십분 이해해주고 함께 풀어간다는 노력을 기함으로써 상대를 내 사람으로 받아들여야 한다. 그들을 단지 일이나 하고 돈이나 벌어 가는 돈벌레 정도로만 생각하면 안 된다는 뜻이다. 인간이 돈으로만 살아가는 것은 아니다. 만약에 리더가 그들을 돈으로만 대하려 한다면 조직은 오래 가지 못할 것이다. 그들 역시도 리더를 신뢰하기 전에 돈을 따를 수밖에 없기 때문이다. 그러므로 노력에 비하여 수익이 만족치 않다고 느끼거나, 다른 경쟁사로부터 보다 좋은 조건을 제의 받았을 때, 그들은 미련 없이 떠날 것이다. 이는 조직의 붕괴를 의미한다. 조직이 없는 리더는 필요가 없다. 홀로 남은 리더는 정작 갈 곳이 없다는 것을 비로소 느끼게 될 뿐이다. 그 어디에서도 패장을 받아들이는 곳은 없기 때문이다. 따라서 리더가 조직원들을 지킨다는 것은 곧 자신을 지키는 일이라는 것을 명심해야 한다.

리더는 조직원들을 항상 자신의 분신처럼 생각하고 인생에 동반자적인 입장에서 삶에 대한 비전을 제시해주는 것이 바람직하다. 조직 내에서 함께 일하는 보람을 안겨주고 일에 대한 가치와 전망적인 가능성을 부여해주는 방식이다. 다시 말해서, 장기적인 주택청약 예금이나 적금 등 재테크방식을 제시하여 줌으로써, 수익의 가치성과 조직의 지속성을 유지 · 보존하는 방편을 말한다. 즉, 조직원들에게는 꿈과 희망을 주고, 리더는 안정적인 조직을 장기적으로 유지해나가기 위한 수단적 제의이다. 리더는 조직원들에게 일을 독려하거나 스스로 해주기를 바라기 전에, 일을 하지 않으면 안 된다는 뚜렷한 목적의식을 설정해 줄 필요가 있다는 것을 의미한다.

리더가 조직원들에게 해줄 수 있는 최대의 선물은, 그들을 그 분야에서 최고로 손꼽힐 수 있는 일류의 팀으로 만들어 주는 것이다. 그러면 자신을 떠나갈 조직원도 없다. 그 길만이 자신도 최고의 리더가 되는 유일한 방법이기도 하다. 최고는 두려울 것이 없다. 그 누구의 눈치를 보지 않아도 된다. 최고인 자신들이 새로운 도전을 선택할 뿐이다. 돈과 명예도 저절로 따라온다. 그러기 위해서 리더는 물론 조직원 모두가 일치단결 하여 할 수 있다는 의지와 야망을 갖아야 한다. 희망 이외에는 생각치도 말라. 생각할 필요도 없다. 미래가 그것만을 요구하고 있기 때문이다.

미래는 눈부시도록 밝게 느껴지지만, 사실은 전혀 보이지 않는 미지의 공간이다. 아무도 자신을 예측할 수가 없다. 어디로 가야 하는지 조차도 정확히 알 수가 없다. 미래를 향한 모든 자들이, 잔뜩 기대만 하고 있을 뿐이다. 조직도 당신만을 믿는다. 리더는 미래를 밝히는 광명의 빛이 되어 조직을 꿈과 희망으로 이끌어 나가야 한다. 토는 달지 말라. 의무이다. 책임만 따를 뿐이다. 책임지지 못할 바에는 그 자리에서 깨끗이 내려와라. 그러기 때문에 그 자리는 본래 고독할 수밖에 없는 자리이다. 영웅이 되든지, 패자가 되든지, 둘 중에 하나만을 선택하라. 결코 평범하게 머물 수는 없는 자리이다. 그 이유는 당신이 많은 사람들의 운명을 걸머지고 있기 때문이다.

리더!

당신은 지금 낭만에 빠져있을 때가 아니다. 지금도 당신은 냉정한 평가를 받고 있는 상황이다. 방심은 자멸이다. 호시탐탐 기회를 엿보고 있는 비정한 현실이 당신을 밀어내려고 음모를 꾸미고 있다. 리더의 자리는 군림하는 자리가 아니라, 결과에 따라 그 책임을 추궁 당하고 심판을 받는 자리이다. 영웅이 되지 못 할 바에는 그 심판대 위에 올라서야 한다. 당신을 주시하고 있는 이 세상의 시기와 질투는 결코 끝나지 않는다. 당신이 실적으로 버티고 있는 동안만 집행이 유예되었을 뿐이다. 최고의 실적을 유지하지 못 하는 한, 당신의 능력은 의심받고 재판에 회부될 것이 뻔하다. 항소는 할 수 없다. 변명은 기각이다. 드러난 실적 하나만으로도 실형은 충분히 성립된다. 그것이 당신에 운명이라면, 운명이다. 당신의 죄명은 리더라는 것이고, 당신의 유일한 변호인단은 현재 당신의 편에 서있는 조직, 그 자체뿐이다.

분별력

분별력

뻐꾸기는 남의 새 둥지에 자신의 알을 낳기로 유명하다. 자신의 알을 품고 있는 다른 둥지의 새가 먹이를 구하려고 둥지를 비운 사이, 슬쩍 내려앉아 자신의 알을 낳고 달아난다. 그 둥지에 있는 알의 겉모양이나 크기를 비슷하게 하여 그 둥지의 어미 새를 감쪽같이 속이는 수법이다.

둥지의 원래 주인인 어미 새는 자신의 둥지로 돌아와 이상한 낌새를 느끼면서도, 확신을 갖지 못하고 이를 무시한다. 냉정함보다도 본능적인 모성애에 안주하는 것이다. 뿐만 아니라, 마치 자신이 낳은 알처럼 정성스럽게 품어준다. 애정을 쏟아 붓기 시작하는 것이다. 알에서 깨어난 뻐꾸기 새끼는 본능적으로 타고난 생존방법을 실행한다. 그 둥지에 있는 다른 알이나 새끼들을 자신의 등으로 밀어내어 높은 둥지 아래로 떨어뜨려 죽이는 것이다. 자신만이 살아남기 위한 필사적인 사투이다. 둥지의 어미 새는 이를 보고도 어쩔 수 없다는 듯이 방관만 한다. 그저 남겨진 녀석들에게 맹목적인 애정만을 쏟을 뿐이다. 결국에 가서는 뻐꾸기 새끼만이 그 둥지를 독차지하고 앉아 어미 새가 물어오는 먹이를 독식한다.

둥지의 어미 새는 생존본능이 강한 뻐꾸기새끼의 먹이 찾는 울음소리에 길들여져 쉴 새 없이 먹이를 물어다 바친다. 자신의 새끼들을 모조리 죽인 원수의 뻐꾸기 새끼를 위해 헌신의 노력을 다하는 것이다. 뻐꾸기 새끼는 어미 새의 모성애를 자극하여 호강만 하고 성장하다가, 더 이상 보호의 필요가 없어지면, 냉정하게 그 둥지를 박차고 자신의 세계로 날아가 버린다.

자신의 새끼를 모두 죽인 원수를 위하여 가치 없이 헌신한 둥지의 어미 새. 이러한 엄청난 비극이 어떻게 성립될 수 있을까. 그것은 무분별한 부주의와 맹목적인 모성애가 빚어낸 불행이 아닐 수 없다. 제 자식조차도 명확히 구분해 내지 못하는 어미 새의 무조건적 사랑은, 죽은 자신의 새끼에 대한 배신에 불과하다. 이상한 조짐이 보였을 때 조금만 더 관심을 가졌더라면 극단적인 불행은 막을 수가 있었을 것이다. 그러나 발도 날개도 없는 알 하나가, 높은 나뭇가지 위에 있는 자신의 둥지 안으로 어떻게 날아들었겠느냐는 안일한 생각이 불행을 자초했다. 자신의 둥지라고 무조건 믿었던 어미 새의 맹신이 그러한 엄청난 사건을 몰고 온 것이다.

사람들은 이처럼 분별력이 없는 아둔한 사람들을 두고 말하기를, 속된 표현으로 '새 대가리' 라고 일컫는다. 둥지의 어미 새처럼 혼란한 상황에서 진정한 자신의 가치관을 명확히 구분해내지 못하는 상태를 뜻한다. 자신이 하는 일에 대하여 확신을 갖지 못하는 무지함은 맹목적인 진행에 불과하다. 심각한 사태를 정확히 파악하지 못하고, 당면한 일에 자신이 해야 할 소임만 다하면 되지 않느냐며, 골치 아픈 상황에서 일단 벗어나고 보자는 식의 무책임한 망동을 지적하는 말이다.

모든 일은 신중을 기하여 시작하여야 하며 확신이 서지 않는 이상, 함부로 뛰어들면 낭패를 보기가 쉽다. 일이란 한번 휘말려들면 중간에 빠져나오기가 쉽지 않다. 서서히 전개되는 진행 속으로 은근히 젖어 드는 습성에 따라 자율권을 마비시키는 중독성을 지닌다. 그것은 삶이 일을 의지하고 살아가는 타성을 지니고 있기 때문이다. 일을 시작한 것은 자신이지만, 일을 통하여 자신의 생활방식이 세뇌 당하고 길들여져 간다. 항상 반복되는 일을 하루의 일과처럼 당연하게 받아들이고 땀 흘린 만큼 심리적인 위안을 받는다. 순조롭게 진행되는 일은 삶을 안도시키면서 타성에 젖어 무디어진 개념으로 자신을 속박시키는 것이다. 일은 자신을 근시안적인 현실에 가두어 놓고, 원시안적인 미래를 망각시키기도 한다. 일이란 현실에 존재하는 삶을 통하여 살아있는 자들을 통치하는 절대적인 군주이기 때문이다.

본래 천성이 악한 사람은 없다. 하지만 악행을 저지른 사람은 사는 것이 죄라면서, 불공평한 이 세상이 자신을 악하게 만들었다고 둘러대며 자신의 처지를 질타한다. 심리적 반응이 외부의 영향에 의하여 지배를 받았다는 뜻이다. 그러하듯 인간이란 자신의 처지가 상대적으로 무력함을 느낄 때, 상대를 부러워하면서도 상대적 박탈감을 느낀 나머지 적개심을 품으며, 앙갚음을 하려는 양면적 속성을 지니고 있다. 으스대는 상대가 자신을 비참하게 만들뿐이라는 열등의식에 사로잡혀 상대적 수치심과 모멸감을 느끼기 때문이다. 감당할 수 없는 마음이 상대적 시기심과 질투심으로 발전한다. 상대적 빈곤감에 의한 반발 심리이다. 이를 자제하지 못하고 분별력을 상실하면, 자신을 통제하지 못하는 기이한 현상이 나타나기도 한다. 공연한 적개심이 공격성으로 돌변하여, 상대를 아예 무너트려 버리려는 충동을 느끼는 것이다.

또한 인간의 상대적 빈곤감은 자격지심을 자극하여 초라하게만 느껴지는 자신을 더욱더 비참하게 만든다. 자신의 능력을 탓하기 전에 사회의 불합리함과 공평성을 탓하고, 억울해서 도저히 못 참겠다고 발끈한다. 어떠한 방식으로라도 상대와 대등해지려는 상대적 보상심리의 발로이다.

아무리 생각해도 자신의 처지를 벗어날 방도가 없다고 생각한다. 절망을 유혹하는 것은 편법이다. 심리적 고갈을 벗어나려는 궁리 끝에 남의 것을 탐하려고 갈등을 느끼다가, 아찔한 심정으로 그것을 훔친다. 유혹과도 같은 마력에 이끌려 처음으로 저지른 자신의 잘못된 행동에 양심의 가책이 따라붙는다. 자신의 양심이 그 삐뚤어진 못된 행위에 대하여 죄책감을 느끼며 끊임없이 책임을 추궁하는 것이다. 견딜 수 없는 자괴감에 괴로워 하다가 스스로에게 변명할 구실을 찾는다. 자신으로서도 어쩔 수 없었던 일이라는 것이다. 남이 가지고 있는 것을 어째서 자신은 가질 수 없느냐는 것이 변명 중에 하나이며, 방법은 잘못되었지만 결과적으로는 나누어 가진 것뿐이라고 궤변을 늘어놓는다. 막판에 몰린 처절한 입장에서 몸부림을 치듯이 자신을 항변하는 절규이다. 어떠한 방식으로도 합리화될 수 없음을 알고 자신 스스로가 냉담해진다. 더 이상 양심의 가책에 얽매여 시달리며, 고통을 당하지 않겠다는 양심과의 절교이다. 결국, 그릇된 판단으로 인하여 자신의 양심을 훔쳐낸 꼴이 되고 말았다.

자기합리화란 자신의 편의적 발상에 따라 편법적인 방식으로 원칙을 뒤바꾸고, 그것을 정당화시키려는 억지에 불과하다. 모든 가치관을 자기중심적으로 생각하고 행동함으로써 남을 의식하지 않는 이기주의라고 할 수 있다. 살다보면 그럴 수도 있다고 자위하면서 여린 양심을 내팽개친다. 양심을 버렸으므로 더 이상 가책을 느끼지 않는다. 오로지 목적에만 충실할 뿐이다. 한번 성공한 도둑질이 양심을 벗어나니, 오히려 담력을 키워주는 결과를 초래한다. 그리하여 또 다른 것을 훔쳐내는 과감성을 시도하며, 시간이 갈수록 남을 속이고 훔치는 과정 속에서 짜릿한 스릴과 쾌감까지도 즐기게 된다. 분별력을 상실한 이 같은 도벽은 인간의 정서를 파괴할 뿐만 아니라, 훔치지 않으면 직성이 풀리지 않는다는 악의 구렁텅이로 몰아가는 무서운 마력에 정복당하고 마는 것이다.

'바늘 도둑이 소 도둑 되고, 훔치는 재미에 날 새는 줄 모른다.' 는 말이 있다. 인간의 무분별한 행동을 극단적으로 나타내는 말이다. 그렇듯 인간의 행동적 발상은 그 잘잘못을 떠나서 일이 흐르는 방향에 따라 지속적으로 발전해 나간다는 의미이다. 궤도를 이탈한 혜성이 쏜살같이 허공을 질러가듯, 그 어딘가에 충돌하여 완전히 파괴되어 소멸될 때까지 대책 없이 날아가는 것과도 같다. 걷잡을 수없는 관성의 원리이다. 뻔히 잘못된 일인지를 알면서도 뒤돌아가기에는 이미 늦었다는 생각이 자신을 얽어맨다. 마치 그것을 피할 수 없는 자신의 운명으로 받아들임으로써 오히려 자신을 달래며 동정할 뿐이다. 빗나간 사고가 의식적으로 고착화되면서 자신 스스로를 속단하고 세뇌시킨다. '어차피 버린 인생이니 갈 때까지 가보자' 는 식의 저돌적인 상태로 돌변하고 마는 것이다.

자신 스스로를 사랑하고 이해하지 않는 사람은 아무도 없다. 그러나 자신을 너무 믿고 용납한다는 것은, 방심이라는 무서운 복병으로부터 자신의 치명적인 허를 찔리고 쓰러지는 결과를 가져온다. 그러므로 이 세상에서 가장 무서운 것은 외부의 어떠한 노림수보다도, 이를 방심하고 무책임하게 받아들이는 자신의 안일함이다. 자신을 사랑한다고 말하기 전에, 진정으로 자신을 어떻게 사랑할 것인가에 대하여 깊이 생각해야 한다. 자신을 너무 감싸려고만 들지 말라. 자신이 맹신하는 자신이 돌변하면, 교활한 자충수로 자신이 자신을 공격한다. 따라서 옳고 그름의 개념을 무너뜨리는 무조건적 자기 사랑은 오히려 자신을 좀먹는 암적인 존재가 되어 냉철해야 할 분별력을 흐트러트릴 뿐이다.

삶에 있어서 오점을 남기지 말라. 목적만큼이나 과정도 중요하다는 뜻이다. 목적에만 치우치다 보면 과정이 소홀해질 수가 있다. 과정은 목적을 향한 디딤판이다. 기초가 튼튼해야 공든 탑이 쓰러지지 않는다. 목표를 향하는 도중에도 예상치 못한 일들이 벌어지게 마련이다. 환경의 변화나 상황적 변화에 따라 대처방법이 달라질 수도 있다는 뜻이다. 편법적인 발상은 그동안 공들여 온 모든 과정이 일시에 무너트릴 수도 있다. 보다 빨리 목표에 도달할 수 있을 것만 같은 지름길이 보여도, 그 길이 정도가 아니라면 차라리 돌아가는 편이 낫다. 굽이 돌아난 길에는 그만한 이유가 있다는 것을 알아야 한다. 요령을 피우듯이 정도를 벗어난 잔꾀에는 항상 함정이 따라다닌다. 유혹을 미끼로 함정이 자신을 얽어매려고 한다는 사실을 '설마' 하고 무시하면 '설마가 사람 잡는다' 는 말이 자신에게 성립된다.

산 정상은 가깝게 보인다. 하지만 산을 오르는 길은 등선을 따라 굽이굽이 나 있다. 그 길이 지루하게 느껴진다고 산을 직선으로 오를 수는 없다. 낙사할 위험이 곳곳에 도사리고 있기 때문이다. 뿐만 아니라

산의 가파른 경사를 오르다보면 지척이 천리요, 급기야는 험난한 절벽에 이르러 오도가도 못 하는 처량한 신세가 되고 만다. 정도의 중요성은 이를 두고 하는 말이다.

한순간의 섣부른 판단이 사람을 곤경으로 이끌듯이, 인간의 욕망을 질투하는 함정의 화신들이 곳곳에 도사리고 앉아 인간의 심리를 유혹한다. 유혹은 넉넉함으로 치장되어 있다. 당장이라도 우리가 원하는 것을 조건도 없이 쉽게 내줄 것처럼 미끼를 던진다. 힘들게 살아가는 것을 멍청하다고 비꼬듯이, 쉬운 방법도 있는데 굳이 그렇게까지 힘들게 살 필요가 있느냐는 감언이설을 장황하게 늘어놓는다. 그러다가도 이에 응하지 않을 때에는 배짱을 튕기기도 한다. 특별히 선처해주려는 성의도 모르고 고집을 부리려면, 마음대로 해보라는 식으로 역공을 취한다. 그냥 줘도 못 먹는 등신이라고 면박을 주면서 사람을 난처하게 몰아붙인다. 얼레고, 달래고, 뺨치듯이, 사람을 교활하게 물고 늘어지는 고도의 심리적 전술이다.

유혹은 함정의 바람잡이이다. 사람의 마음을 현혹시켜 들뜨게 한다. 사람들의 절박한 심리를 이용하여 함정으로 몰아가기 위한 음모를 꾸미는 수작이다. 일단 자신의 심정을 이해한다는 식으로 접근을 하여 현실을 부정하도록 교란시킨다. 그런 식으로 정석만 고집하다가, 평생을 헛고생만 하다가 죽을 것이냐고 되묻는 것이다. 유혹은 마음이 강한 사람에게는 약하고, 마음이 약한 사람에게는 상대적으로 강하다. 유혹은 여린 마음에 허를 찌르는 심리적 킬러이기 때문이다.

분별력을 잃고 줏대가 없는 사람은 귀가 얇다. 이 사람 말도 맞고, 저 사람 말도 맞는다고 생각하기 때문에, 항상 어중간한 입장에서 갈피를 못 잡는다. 따라서 자신이 어떻게 해야 좋을지 도무지 판단이 서질 않는다. 기분에 따라서 옳다고 생각하는 사람의 의견에 질질 끌려 다니면서 '옳다' 고 편이나 들고 나선다든가 '정말이냐?' 고 맞장구를 친다. 그러다가 조금 나아 보이는 분류에 빌붙어 남의 기분이나 맞춰주는 들러리 인생을 사는 것이다. 그렇다고 해서 자신에게 돌아올 것이 무엇이 있겠는가. 쓸데없이 귀한 인생만 허비하고 있을 뿐이다.

구태의연한 사고방식으로는 치열한 경쟁시대를 살아갈 수가 없다. 존재가치가 없는 인생은 자신의 귀중한 인생을 남에 뒤치다꺼리나 하면서 소일한다. 그렇듯 자신의 존재가치를 잃는다는 것은 그 어떤 슬픔에 처하는 것보다도, 가련해질 수밖에 없다는 점을 인식해야 할 것이다.

인간은 그 사람의 재력보다도 인간성을 먼저 따진다. 어떠한 경우에도 의리를 저버리지 않는 신뢰성과 소신을 굽히지 않는 성품을 인간의 가장 큰 정신적 가치로 보는 것이다. 고결한 자신의 의지를 고수하며 삶의 진실을 지켜내려는 대범한 마음이다. 그러한 사람은 어떠한 유혹에도 흔들리지 않는 정신적 가치관으로 자신을 무장하고 정도를 벗어나지 않는다. 물론 매정할 정도로 각박한 현실에서 고통처럼 밀려오는 시련을 참아가며 유혹을 뿌리치기란 결코 쉬운 일이 아니다. 하지만 인생에 있어서 누구에게나 찾아드는 고난은 극복해야 할 순간에 불과하다.

한때의 실수로 오점을 남겼다면, 자신의 과오를 과감히 인정하고 참회하는 마음으로 잘못을 뼈저리게 받아들여라. 그러면 잘못된 생각으로 얻은 것보다 잃은 것이 더 많다는 것을 알게 되리라. 현실에 처한 자신의 처지를 비관하기 전에, 자신의 실수가 초래한 슬픔을 가치 있게 통감하라.

눈물은 삶의 고통을 달래주기 위하여 존재한다. 그러할 때 삼키는 눈물은 회한의 보약이며 새로운 도약의 생수이다. 눈물은 인간을 참회시키고 깨우치게 한다. 피눈물을 흘려보지 않고서는 인생의 깊이를 논할 수 없으며, 진정한 기쁨에 가치도 느낄 수가 없다. 눈물은 인생에 교훈을 주는 스승처럼 잘못된 것을 꾸짖어준다. 값진 눈물의 가치를 무의미하게 흘려버리는 것은 인생의 가치를 느끼지 못하는 안타까움에 불과하다. 눈물에는 인간의 진실한 마음이 담겨있다. 자신의 고결함을 지켜내려는 깨끗한 마음과 흐트러지지 않으려는 삶의 정신으로 아름다운 양심을 지켜내려는 삶에 솔직함이다.

'깨끗한 마음' 은 옳지 못한 더러움과는 결코 타협하지 않는다. 깨끗한 마음은 숭고한 자신의 자존심을 지키는 것과 같으며 간결하고 청아하다. 떳떳하기 때문에 두려울 것이 없으며 꾸밈이 없다. 정당하게 나서서 모든 일을 자신 있게 처리한다. 자신이 결백한 만큼 남에 눈치를 볼 필요가 없는 소신을 가지고 있기 때문이다. 정당한 대우를 요구하며 남에게 아부하거나 굽실거리질 않는다. 유혹에 물들지 않는 자신만만함. 진솔함이 아름답게 표출되어 총명하게 빛이 난다.

또한, '아름다운 마음' 이란 추한 것으로부터 자신을 지켜내려는 의지의 표현이다. 이기심을 내세우기 전에 상대를 배려하는 마음이 돋보인다. 아름다운 마음은 그 사람의 부드러운 이미지로써 강인한 인상을 주는 거부감과는 달리 상대를 온유하게 만든다. 은근히 풍겨 나오는 덕으로 하여금 인간미가 넘쳐흐르고 사람의 마음을 끄는 매력을 지닌다. 남의 단점을 잡아 모략하지 아니하고 이해와 사랑으로써 남을 감싸준다. 아름다운 마음에는 적이 존재하질 않는다. 시기와 질투를 하지 않기 때문이며 상대의 불행을 진정으로 걱정해 주기 때문이다. 옳고 그름이 분명하고 꼬임에 휩쓸리질 않는다.

깨끗한 마음에서 비롯된 진정한 아름다움은 현란하게 치장하지 않은 순수한 본질에서 투명하게 솟아오르는 신선한 샘물과도 같다. 마음에서 우러나오는 나눔의 샘물이다. 주위 사람들에게 기쁨을 나누어주고 고맙다는 찬사를 받고 즐거워한다. 사랑을 담고 있는 따뜻한 가슴으로 마치 서정적인 시를 쓰는 마음과 같으며, 상대의 지독한 외로움을 살며시 감싸주는 편안한 쉼터를 제공하는 마음이다.

무분별한 심리적 마찰로 일어날 수 있는 불협화음을 벗어나 깨끗한 마음과 아름다운 마음이 어우러져 환상의 하모니를 이룰 때, 비로소 삶은 최선의 선율을 타고 흐르는 감동의 곡조가 된다. 두 눈을 감고 거친 숨을 고른 다음, 명상에 잠기듯 그 고운 리듬을 타고 가는 진실한 삶에 선율을 느껴 보라. 마음의 평화를 깨고 끼어드는 불손한 불협화음을 구분하여 걸러낼 수 있는 분별력이 확실히 정립될 것이다.

인생은 양심과도 같은 그 섬세한 감동의 선율을 벗어나지 말아야 한다. 정서적인 리듬이 흐트러지면 마음도 흐트러지고 결국에 가서는 자신의 인생 자체가 흐트러지고 만다. 단 한번뿐인 인생은 누구에게나 소중한 것이지만 감동을 느끼지 못하는 삶은 아무런 의미를 주지 못한다.

자신의 파렴치한 이익을 위하여 남을 음해하거나 속이지 말라. 자신의 꾀에 자기가 당하는 무모한 짓에 불과하다. 정당치 못한 이익은 기를 쓰고 챙겨보았자, 결국 남는 것이 하나도 없다. 오히려 자신만을 더럽힌 사실이 두려워 비굴한 스스로를 어둡고 음침한 곳으로 파고들게 한다. 그러나 밝은 양심이 추하고 부끄러운 자신의 모습을 훤히 비추며 실추된 스스로를 능멸할 것이다. 타인으로부터는 달아날 수 있어도, 자신으로부터는 결코 도망칠 수가 없는 것이 삶의 한계이다. 자신을 속인 죄로 자신 앞에 꿇어앉아 치욕적인 심판을 받아야 한다. 스스로에게 심문을 당한 후, 마음의 감옥에 갇혀 양심의 가책에 시달리는 것이 그에 대한 죄 값이다.

이 세상에 공짜는 없다. 특별한 선택을 받고 태어나서 자유롭게 살아가는 영광을 누린다면 그만한 답례를 치르고 가야하는 것이 인생이다. 그럼에도 불구하고 남의 피나 빨아먹고 살아가려는 거머리 같은 습성이나, 남의 불행을 기회 삼아 그곳에 빌붙어 살아가려는 독버섯 같은 심보는, 인간으로서 도저히 용서받을 수 없는 야비한 짓에 속한다. 수단방법을 가리지 않고 살아간다는 것은 추잡한 수법일 뿐만 아니라, 진정한 자신의 삶이라고 볼 수가 없다. 언젠가는 피눈물을 흘리며 자신의 무능함을 통감하게 될 뿐이다. 삶을 방관한 죄는 반듯이 벌을 받게 마련이다. 결코 무임승차가 통하지 않는 것이 삶이요, 인생이기 때문이다.

자신의 속에 들어앉아 세상을 내다보지 말고, 세상 밖에 나와서 자신을 들여다보라. 소박할 수밖에 없는 초라한 자신을 발견할 것이다. 따지고 보면, 욕심이란 것도 그 무엇 하나 주워 담을 수 없는 허구의 큰 자루일 뿐이다. 이 세상의 모든 것을 허구적인 그 자루에 담는다고 하더라도 욕심은 채워지지 않는다. 그 자루에는 허기로 가득 찬 아가리만 있을 뿐, 밑이 터진 상태로 포만감을 느낄 수 있는 몸뚱이가 없기 때문이다. 그 얼마나 무모한 탐욕에 불과한가. 어리석고도 부질없는 그 충동감에서 벗어나는 길은 욕심을 버리는 수밖에 없다. 살다가 죽으면 머리카락 하나도 가져갈 수가 없는 것이 인생이듯이, 욕심이라는 도착증은 자신을 현혹시키는 허구적인 착각에 불과할 뿐이다.

둥지의 어미 새는, 설마가 방심을 부르고 방심에 의하여 이성이 마비된 경우이다. 주둥이를 쩍 벌리고 먹을 것을 재촉하는 뻐꾸기 새끼의 허기나 달래주는 노예가 되어 쉴 새 없이 바지런만 떨 뿐, 과연 자신이 무엇을 하고 있는지를 정작 깨닫지 못했다. 둥지의 어미 새가 냉정함을 못 차리도록 뻐꾸기 새끼는 계속 울어대며 모성애만을 자극하기 때문이다. 원수의 뻐꾸기 새끼에게 자신의 사랑스런 새끼의 생명을 다 바치고, 그것도 모자라서 자신조차도 뻐꾸기 새끼의 노예가 되어버린 가련한 둥지의 어미 새. 이용가치를 다 빼먹고 더 이상 필요가치가 없어지면 결국 뻐꾸기 새끼는 둥지를 차버리고 날아가고 말았다. 혼자 남겨진 공허 속에서 뒤늦게나마, 한순간의 불찰을 통탄한들 그 무슨 소용이 있겠는가.

또한, 시기심을 버리고 탐욕하지 말라. 마음이 음흉해지면 알고도 당한다. 도벽에 물들어버린 경우와 같이, 뻔히 잘못된 것인지를 알면서도 스스로의 꼬임에 빠져 매정한 욕망의 하수인으로 스스로를 전락시킨다. 양심을 떼어낸 그 자리에 허구의 자루를 끼워 차고 욕심을 채우려는 것이 그것이다. 인간이 욕심을 챙기기 시작하면 한이 없다. 더 이상 필요해서가 아니라, 계속 주워 담아야 만이 직성이 풀리기 때문이다. 포만감을 느낄 수 없는 허기뿐이다. 욕심에 노예가 되어 남의 것을 탐하고 훔쳐낼 뿐, 옳고 그름을 분별해 낼 수 없는 독살스런 불감증에 걸린 격이다. 도벽의 말로는 두 말할 나위도 없이 뻔하다. 뒤늦게 뉘우치고 후회를 한들 그 무슨 소용이 있겠는가.

시간이 짤각거린다. 삶이란 숨 가쁜 그 순간뿐이다. 스쳐간 세월은 돌아오지 않는다. 인생을 탕진하다가 다급하여 후회할 짓을 한다면 자신만이 허무하게 서글퍼질 뿐이다. 유혹에 빠져 분별력을 잃은 잘못된 삶은, 죽음보다도 더 아픈 고통을 치르더라도 용납될 수 없는 무지함이다. 빗나간 삶의 뒷전에서 무엇을 기대할 수 있겠는가. 인생의 쓰라린 패배의 잔에 취하여 주정이나 하면서 말로를 방황하며 죽지 못해 살아갈 뿐이다. 한순간의 잘못이었다고 하기에는 너무도 가혹한 인생의 형벌이 아닌가.

단 한번뿐인 삶을 그렇게 무가치하게 살아갈 수는 없다. 스쳐 가는 한순간 한순간이 인생에 전체의 줄기와 연결되어 있다는 사실을 결코 간과해서는 안 된다. 삶은 순간들의 모임이다. 잘못된 순간을 방치하고 무시하면 안 된다. 잘못된 순간은 화를 부르는 뿌리가 되어 시간이 갈수록 무섭게 자라난다. 자신이 자초한 방심의 순간이 독기를 품고 발산하는 것이다. 이를 근본적으로 대처하지 않는다면 일순간에 독이 퍼져 삶의 근간이 일시에 무너질 수도 있다는 뜻이다.

흥분하지 말라, 감정을 앞세우면 판단력이 흐려진다./ 속단도 금물이다, 자작극에 휘말려들 소지가 많다./ 경계심을 늦추지 말라, 방심하면 허를 찔린다./ 경솔하게 서두르지 말라, 아는 것도 틀린다./ 당황스럽거나 황당할 때는 모든 행동을 자제하고 마음부터 가다듬어라, 섣부른 행동이 화를 자초한다./ 포기하지 말라, 모든 기회가 사라지고 만다./ 유혹에 빠지지 말라, 함정이 도사리고 있다./ 위기를 모면하고자 거짓말을 하지 말라, 거짓을 증명하고자 또 다른 거짓을 둘러 대다보면 자신의 술수에 자신이 당한다./ 허세를 버려라, 쓸데없는 자존심은 자존심이 아니다./ 실수를 인정하라, 정당화시키려고 변명을 둘러대다 보면 추잡스러워 질뿐이다./ 의리를 배반하지 말라, 도리를 져버리면 모든 이의 적이 된다./ 약자를 깔보지 말라, 자신이 약해지면 약자가 강해진다./ 적을 만들지 말라, 언젠가는 보복을 당하기 마련이다./ 한순간의 이익을 위하여 오점을 남기지 말라, 추잡스런 오명이 평생을 따라다닌다.

인생을 살아가면서 중요하지 않은 순간은 없다. 그 누구도 순간의 선택을 장담할 순 없지만 무엇인가를 결정해야만 할 때에는 실리를 따지기 전에 사리에 밝아야 한다. 실리가 하나의 사과라면, 사리는 사과나무에 속한다. 나무 꼭대기에 매달려있는 하나의 사과를 따먹기 위해 사과나무를 베어 쓰러뜨려서는 안 된다는 뜻이다. 보다 멀리 내다보는 마음으로 냉정히 생각하고 순간을 신중하게 선택하는 자만이 미래를 보장받을 수가 있다.

삶을 질투하는 끈질긴 유혹은 아직도 끝나지 않았다. 조금이라도 빈틈을 보인다면 당신의 마음속으로 비집고 들어가려고 할 것이다. 순간순간을 인생에 전체라고 생각하는 경각심이 필요하다. 당신의 인생을 책임져줄 사람은 오로지 당신 밖에 없다는 것을 명심하라.

아무리 춥고 배가 고프다고 하여, 현재를 버티기 위해 미래를 팔아먹어서는 안 된다. 미래가 있어야 현재를 버티는 의미가 있다. 삭막한 겨울의 시련은 계절의 끝이 아니다. 꽃피는 봄은 반듯이 돌아온다. 인생도 그러하다. 현재의 위기감 속에서도 삶은 여전히 진행 중이다. 화려함만이 인생의 전부가 아니다. 극한 상황에서도 정의로움을 잃지 않는 의지가 진정한 용기이다. 유혹을 뿌리치고 위기를 슬기롭게 극복해낼 줄 아는 지혜와 인내심을 발휘하라. 어떠한 일이 있더라도 미래에 누를

끼칠 일은 하지 말라. 옳은 것은 양심에 거리낌이 없이 떳떳하지만 그른 것은 양심에 찔리는 비굴한 수단에 불과하다. 옳지 못한 선택은 무지와 타락에 속하므로 아무리 잘되어봤자 비난의 대상이 될 뿐이다. 치졸한 방법으로 훔친 미래는 화려할지언정 조작된 꽃과 같아 향내가 나질 않는다. 피와 땀이 배여 있지 않은 탓이다. 따라서 옳고 그름은 숨길 수가 없다. 방법이 옳지 못할 시에는 자신을 따라다니는 양심의 가책이 스스로를 놓아주지 않기 때문이다.

현실에 안주하려들면 미래는 오지 않는다. 또한 변화를 기대할 수 없는 오늘 같은 내일은 의미가 없다. 도태될 뿐이다. 오늘을 후회 없이 쓰고 과거로 흘려보낼 줄 아는 자만이 미래를 맞이한다. 보다 새로운 가치를 창출하기 위해서는 미래의 시점에서 모든 것을 심도 깊게 생각하고 현명한 판단을 내려야 한다. 삶을 당당하게 살기 위해서는 자신의 고결함을 잃지 말라. 삶에 있어서 지조를 벗어난 진정한 승리란 존재하질 않는다. 분별력. 가식에 현혹되지 않고 진실을 판별해내는 능력의 힘. 부끄러움이 없는 진솔한 선택과 처신은 그 무엇으로도 바꿀 수 없는 순수한 삶의 아름다움 그 자체라고도 할 수 있으며, 미래에 대한 확신을 열어가는 자신의 크나큰 자산인 것이다.

슬럼프를 극복하라

슬럼프를 극복하라

'마음이 우울하다. 도무지 기분이 나질 않는다. 도대체 어떻게 해야 할지를 모르겠다. 세상에서 따돌림을 받은 느낌뿐이다. 더 이상 아무것도 생각하기도 싫다. 그저 혼자 있고만 싶다. 방해하지 마라.'

일이 제대로 풀리지 않는다고 기가 죽어 있는 상태라면, 가슴만 답답하고 하는 일에 회의감이 느껴질 것이다. 왠지 무능하게만 느껴지는 자신이 싫어지고, 침체의 골이 깊어질수록 무엇이 문제이고 어디서부터 풀어나가야 좋을지 엄두가 나질 않는다. 뿐만 아니라, 일에 대한 개념이 흐트러져 의욕보다 짜증이 나며, 하는 일마다 꼬이는 느낌이 들어 일을 하기도 전에 걱정이 앞서고 두려움이 느껴질 때 우리는 이를 슬럼프라고 한다.

이는, 마치 내면에 잠재되어 있는 전염성 바이러스처럼, 부정적인 사고들이 기승을 부리고 확산되면서 긍정적 사고를 잠식시켜나가는 심리적 파괴현상이다. 이러한 현상은 신념에 대한 의지를 무력화시키는 증세에 따라 저항성을 상실한 인간의 정서를 무차별하게 황폐화시키는 침식작용을 일으킨다.

슬럼프란, 일단 심리적으로 휘말려들면 인위적으로 헤어나기가 힘들 뿐만 아니라, 이를 의식하면 할수록 깊이 빠져드는 늪과 같은 존재이다. 급기야는 모든 일이 체념으로 이어진다. 자신의 의지와는 달리 자신을 속박하고 자신의 존재가치조차도 철저히 말살시킨다. 그렇다면 이러한 자기 상실감은 도대체 어디에서 오는 것인가.

세상에 모든 현상이나 일에는 한계가 있기 마련이다. 또한 주변의 여건이나 심정의 변화에 따라서 바이오리듬처럼 불규칙한 사이클이 존재한다. 흐름에 본질은 그 형체를 지속적으로 유지해나가려는 활로의 성질을 지닌 반면에, 외부적 영향이나 심리적 변화에 따라 그 흐름이 원만하지 않을 때, 마치 살아있는 것처럼 꿈틀거리며 반발적으로 반응하는 것이다. 지속적으로 뻗어 나오는 선의 끝을 일정한 거리에서 억지로 틀어막으면 선이 지그재그로 구부러지며 요동을 치는 것과도 같다. 뒤엉킨 선은 혼선을 일으키며 모든 개념까지도 흩트려놓는다. 어디가 시작이고 어디가 끝인지 도무지 알 수가 없다. 어디서부터 풀어야 좋을지 방도가 안 보인다. 풀려고 할수록 더 엉킬 뿐이다. 짜증만 난다. 차라리 때려 치고 싶다. 하는 일마다 꼬이는 것 같다. 자신감이 없다보니 자신이 한없이 쪼그라드는 느낌이다. 일을 하기도 전에 겁이 난다. 술술 잘 풀리는 다른 사람들을 볼 때마다 상대적 열등감이 느껴진다. 사람들을 대할 때 왠지 생소하고 서먹한 느낌이 든다. 사람들이 자신을 대하는 시선 역시도 그런 것 같다. 세상으로부터 혼자 왕따를 당하는 느낌이다. 심한 모멸감 때문에 견딜 수가 없다.

인간의 정서가 심리적으로 충격을 받았을 때, 잔잔한 물에 돌이 떨어진 것처럼 정서가 흐트러짐으로써 파문에 의한 파동이 발생한다. 완만한 충격이라면 안정된 심리가 이를 흡수함으로써 파문이 금방 잦아들겠지만, 지속적이거나 치명적인 충격을 느꼈을 땐 파문의 요동을 감당할 수 없는 위축된 심리가 더 이상 견디질 못하고, 자신에게서 떨어져 나가 깊은 수렁 속으로 빠져들고 마는 것이다.

이러한 현상은 지속성의 원칙이 내포하고 있는 '활로의 조건' 때문이다. 즉, 일정한 용량에 지속성의 원칙을 모두 수용할 수 없는 한계에 이르렀을 때, 아무리 통제하려고 해도 결국에 가서는 한계를 초과하여 넘쳐흐르거나 일시에 터져 버리고 마는 현상이다. 마치, 장마철에 물의 빠짐이 원만치 않았을 때 만수상태로 고여 있던 봇물이 일시에 터져버림으로써 도저히 감당할 수 없는 홍수사태를 몰고 오는 이치이다. 예상치도 못했던 홍수는 한순간에 모든 것을 싹 쓸어 가버린다. 아무것도 남는 것이 없는 황량함이다.

이에 비한다면 슬럼프란, 홍수에 비유할 만한 심리적 재해와도 같다. 기대감이 크면 실망도 크듯이, 악착같이 참아왔던 모진 인내가 한계를 느낀 나머지, 일시에 무너지는 와해감으로 인하여 자기 상실감에 빠지게 된다. 모든 노력이 허사가 되고, 그렇게 갈망했던 꿈조차도 무의미하게 느껴진다. 해일처럼 밀려오는 회의감으로 일순간에 무너져 내리는 허탈감을 감당할 수가 없다. 도대체 어디서부터 수습을 해야 될지를 엄두가 나질 않는다. 현실이 막막할 뿐, 도대체 실감나질 않는 것이다. 이제는 아예 지쳐버렸다. 사는 것 자체가 낙도 없고 무의미한 것만 같다.

그 원인을 냉정히 분석하고 대처해 나가기 위해서는 자신이 처해있는 상황적 입장에서 일단 벗어나야 한다. 즉, 자신 스스로 괴롭힘을 당하는 극한 상황에서 자신을 이해하기란 결코 쉽지 않기 때문이다. 그렇다고 해서 정체되어 있는 자신을 그대로 방치할 경우, 절망에 휩쓸려 가는 자신을 구해낼 길이 없다. 슬럼프란 자신이 심리적인 피해자이면서도, 자신이 가해자라는 것을 결코 간과할 수는 없다. 그렇다고 해서 스스로의 책임을 추궁하듯이 자신을 책망하며 몰아붙인다면, 그것은 자신의 파멸을 부추기는 꼴이 된다. 손상된 심리적 상처를 달래주고 치유하기 위해서는 자신을 이해하고 배려함으로써, 스스로의 족쇄와도 같은 자책감에서 일단 벗어나야 한다. 궁지에 몰린 자신이 손상된 자신의 내면에 그대로 머물러있으면 안 된다. 대범한 심정으로 자신의 마음을 비워버려라. 자신을 새롭게 정비하고 깨끗하게 다시 시작하는 것이다.

세상은 아무것도 달라진 것이 없는데 달라졌다고 생각하는 것은 아닐까, 다른 일에 충격을 받아 의기소침해진 것은 아닐까, 심리적 변화로 인하여 우울증 증세를 느끼는 것은 아닐까, 상대적 경쟁 심리에 위축되어 있는 것은 아닐까, 지금 하고 있는 일에 비전이 없다고 낙담하고 있는 것은 아닐까, 또한 지금하고 있는 일에 권태감을 느끼는 것이 아닐까, 자신의 입지조건에 대하여 갑자기 위기의식을 느끼는 것은 아닐까, 스트레스를 받아 자신도 모르게 불만이 누적된 것은 아닐까, 등의 현실적인 문제부터 면밀하게 되짚어보아야 한다.

자신을 진단하기 위해서는 우선 현실불만에서 오는 현상은 아닌가를 집어보아야 한다. 현실을 부정하는 사고방식은 자기반항으로 이어지기 때문이다. 자신이 초라하게 느껴지고 빈껍데기 같다는 생각이 든다면, 그것은 앞날에 대한 두려움이 갑자기 몰려왔기 때문이다. 항상 열심히 살아가는 것 같지만 되돌아보니 막상 앞으로 나가지도 못하고, 늘 그 자리에 머물러 있는 자신이 무능하게만 느껴져 무력감에 빠져들은 현상일지도 모른다. 남과 비교하여 느껴지는 상대적 빈곤감이 자신을 더욱 비참하게 만든다. 앞으로 돈 쓸 일들은 줄 서 있는데 뾰족한 방법이 떠오르지 않는다. 빠듯이 얽매여있는 현실에서 빠져나갈만한 능력은 안 되고, 그대로 붙어 있자니 대책이 안 선다. 대책이 안서는 현실은 답답하기만 할 뿐 달가울 리가 없다. 아무리 발버둥을 쳐봐도 답이 보이질 않으니, 사는 것이 한심스럽다. 현실을 벗어난 마음이, 풀이 꺾인 상태에서 맥을 못 추는 상황이다.

그러나 현실을 직시할 필요가 있다. 섣불리 생각할 일이 아니다. 그나마 현재의 일마저 잃는다면 어떻게 될 것인가를 먼저 생각하라. 현실은 누구에게나 각박하다. 미래를 걱정하지 않는 사람도 없다. 갑자기 심정의 변화가 온 것뿐임을 알아야 한다. 자학하지 말라. 오히려 자신을 위로하라. 일상에 찌들어 있는 기분을 전환시킬 필요가 있다. 마음을 정화시키기 위해서는 자기만의 시간이 필요하다. 자연은 인간의 마음을 정화시킨다. 호젓한 곳에서 자신을 돌아보라. 자신을 너무 과소평가하고 있지는 않는가. 안일한 생각으로 대책 없이 살아오지는 않았는가. 꿈은 아직도 존재 하는가. 모든 것을 돈으로만 해결하려고 하지는 않는가. 형식을 중시하며 체면을 앞세우고 있지는 않는가.

불후한 환경 속에서도 희망을 잃지 않고 꿋꿋이 살아가는 사람들을 생각하라. 병원에서 생사를 다투며 병마와 싸우는 사람들을 생각하라. 그보다는 나을 것이다. 할 일이 있고 건강하다면, 현실에 대한 투정에 불과하다. 현실의 불만을 현실에서 해결하려면 답이 없다. 보다 멀리 보고 미래에서 그 해결책을 찾을 생각을 하라. 풍성한 과실나무도 아주 작은 씨앗에서 시작했다. 풍성함을 꿈꾸는 미래 또한, 현재의 보잘 것

없는 씨앗에서 비롯된다는 점을 명심하라. 거저 주어지는 것은 없다. 남이 가진 것을 자신과 결부시키지도 말라. 자신에게 없는 것만을 찾다 보면, 있는 것조차도 없는 것과 마찬가지라는 점을 상기하라. 허영심을 버려라. 앞으로의 구상을 다시 짜라. 현재의 사고방식도 뜯어 고쳐라. 몸이 병들면 건강을 잃는 것처럼, 마음이 병들면 세상을 잃는다는 것을 명심해야 한다.

또한 자신의 입지가 불안하게 느껴진다든지, 동료에 비하여 상대적으로 항상 밀린다는 열등감 때문이라면, 그것은 자신의 뚜렷한 주관이 정립되지 못한 때문이다. 자신이 언제나 최고이어야 한다는 아집은 버려야 한다. 남을 깔보고 무시하는 독단적인 발상은 자기 스스로를 고립시킨다. 상대를 탓하기 전에 자신을 개혁할 수 있는 용단이 필요하다. 자신이 뒤쳐진 원인을 분석해 보기도 전에 손상된 자존심만을 내세운다면 영원한 낙오자로 남겨질 뿐이다.

열등감이란 상대에게 억눌린 듯한 심리적인 피해의식을 뜻한다. 자신보다 우위에 있는 사람에게 공연한 적개심을 품음으로써 앙갚음을 하려는 보복 심리이며, 자신의 능력으로는 도저히 따라잡을 수 없는 한계를 느끼는 상황을 뜻한다. 열등감은 의식하면 할수록 자신의 기를 죽이듯 위협적이다. '해도 안 될 것이다' 는 암시적인 최면에 걸려 저항조차 할 수 없는 자신을 비참하게 만든다. 심리적 속박에서 벗어나려는 절박한 심정이 강하면 강할수록 드세게 반발하는 강박관념이 자신을 압도한다.

경쟁을 위한 경쟁은 독기 서린 오기만을 불러일으킨다. 자신의 진정한 발전을 위하여 노력하지 못하고, 오로지 상대를 앞지르기 위하여 수단방법을 가리지 않게 된다. 상대를 따돌리려는 보복 심리로 인하여 자신이 노리는 순간적인 쾌감에 노예가 되고 마는 것이다. 그러나 자신이 상대방으로부터 따돌림을 당했을 때는, 자신을 용납할 수 없다는 듯이 스스로를 추궁하며 스스로를 들들 볶아 못살게 군다. 시기와 질투는 흥분을 불러일으켜 자신의 정서를 파괴시킨다. 정확한 분별력을 흐트러트리는 주범인 것이다. 과연 자신이 그 무엇을 위하여 살아가는 것인지를 알 수가 없게 한다. 남에게 지지 않기 위해 오로지 긴장감에 사로잡혀 가슴을 조려가며 살아갈 수밖에 없다. 상대를 너무도 의식한 나머지, 남에게 끌려가는 듯한 인생을 살아서는 안 된다. 진정한 자신의 삶의 가치가 무시당하기 때문이며, 향상 남에게 쫓기는 듯한 인생을 살 수 밖에 없기 때문이다. 자신의 인생은 자신이 주관이 되어야 한다. 위만 보지 말고 아래도 보라. 좋은 것만 독차지하려는 지나친 이기심은 자신의 독선이다. 서로가 어우러져 살아가는 삶에 있어서 절대적인 가치는 존재하지 않는다. 지고는 못 산다는 자신의 강박관념을 털어 버리고 자신도 하면 된다는 발상의 전환이 필요하다. 앞으로도 달려야 할 인생길이 멀리 남아있질 아니한가. 지금부터라도 열심히 달리면 된다는 생각을 하라. 앞으로 펼쳐진 기회란 모든 사람에게 동등하게 주어진다는 사실을 잊어서는 안 된다.

자신이 하는 일에 짜증만 나고 불만만 누적된다면 그 일에 억지로 매달려 있을 것이 아니라, 우선 혼란한 현재의 상황에서 벗어나 마음을 비우고 초연한 상태로 돌아가라. 현실에 찌든 권태감이 마음을 답답하게 짓누르고 있는 상태이다.

현실에 만족하며 살아가는 사람은 극히 드물다. 현실은 인생에 전부가 아니다. 현실은 미래의 희망과 만족을 찾아가는 길목에 불과하다. 과거를 회상하며 자신이 가장 불행했을 때를 기억해 보라. 뼈아팠던 기억들 속에는 자신이 하고 싶어도 정작 할 일이 없어 방황했던 시절이 떠오를 것이다. 자신이 그 속으로 푹 빠져들어 그곳에서 다시금 현재를 내다보라. 그러면 현재의 모습이 보다 새롭게 느껴질 것이다.

과거가 없었다면 오늘이 없듯이 과거는 그저 흘려버리는 것이 아니라, 오늘을 비추는 거울과도 같은 것이다. 늘 현재의 고정관념에 젖어 있다 보면, 도대체 자신이 어느 상태에 와있는지, 현재의 가치가 어느 정도인지를 정확히 감지할 수가 없게 된다. 과거로부터 오늘을 조명해 봄으로써 현재의 의미적 가치를 재평가해 볼 필요가 있다.

물론 현재보다 더 좋은 조건의 일이 확실하게 자신을 기다리고 있다면 망설이지 말고 떠나라. 또한 자신이 하는 일이 적성에 맞지 않는다면 현재의 일을 진행하면서 적성에 맞는 다른 일을 찾거나 새로운 일을 구상해야 한다. 하지만 그것이 아니라, 불만스런 작은 꼬투리로 인한 심리적 갈등이나 막연한 권태감에서 오는 반항을 위한 반항이라면 다시 한 번 심사숙고해야 한다. 현실의 부정감에서 일단 빠져나가고 보자는 발상은 도피적 발상에 불과하다. 결코 그러한 방법으로는 근본적인 문제를 해결할 수 없다. 일시적인 감정을 못 이겨 공들여 차려놓은 밥상을 둘러엎는 격이다. 자신에게 보다 냉정해야 한다. 마음이 앞선 나머지 현재를 무시하고 비관만 한다면, 또 다른 도약을 위한 디딤돌을 잃는 격이나 마찬가지라는 점을 인식해야 한다.

현재를 무시한 미래는 존재하지 않는다. 자신의 모든 가치가 배여 있는 현재를 부정한다는 것은 자신을 부정하는 것이나 다름이 없다. 짜증이 난다는 이유 하나만으로, 현재에서 대책도 없는 곳으로 자신을 밀어내려는 어리석은 짓을 저지르면 안 된다. 현재와 미래의 연속성을 깊이 이해하고, 현재를 부정에서 긍정으로 전환시키려는 의식적 개혁이 무엇보다 필요하다. 일시적인 감정은 스쳐 가는 바람과도 같아서 아무런 의미조차도 없는 것이다. 그 바람에 자신의 모든 것을 실어 날려버린다면 과연 자신에게 남는 것은 그 무엇이겠는가.

현재는 미래만큼이나 소중하고 고귀한 시간들이다. 만족스러운 현재는 아니지만 그 소중한 시간들을 조심스레 밟아가며 우리는 미래로 다가간다. 미래에는 자신이 평소 꿈꾸던 희망과 낭만이 있다고 믿기 때문이다. 미래로 이끄는 현재의 가치를 무의미하게 흘려보내지 말라. 어려웠던 과거를 극복하여 다행스런 오늘을 맞이할 수 있었을 것이다. 그러한 이치는 절대로 변하지 않는다. 편견이 없는 이치는 그 누구의 역성도 들어주지 않는다. 배부른 투정은 그만 부려라. 밥그릇만 빼앗길 뿐이다. 마치 자신이 이세상의 전부인 것처럼, 현실을 탓하며 유세를 떠는 것은 역겨운 짓에 불과하다. 아무도 거들떠보지도 않을 것이다. 소중한 시간만 낭비하고 소모시킬 뿐이다. 현재가 없으면 미래도 없다. 미래로 향하는 시간은 아무도 기다려주질 않는다. 모두가 홀연히 떠나간 빈자리에 남아 푸념만 늘어놓고 있을 것인가. 어떠한 이유에서든지 현실을 부정하는 자는 용서받을 수가 없다. 정히 힘들게 느껴진다면 조금만 쉬었다가 부지런히 뒤따라가라.

반면에 현실적인 상황에서 자신의 문제점을 찾을 수가 없다면, 그것은 스트레스나 정서적인 변화에서 오는 심리적인 문제라고 할 수 있다. 원인을 알 수 없는 상태에서 의욕이 사라지고 우울증에 걸린 것처럼 마음이 가라앉는 현상이다. 고독함을 느낀다. 침울한 상태에서 삶에 대한 회의감이 느껴지고 자신이 꺼져 가는 소멸감에 휩싸인다. 세상이 자신만을 따돌리고 돌아가는 느낌이 들어, 마치 딴 세상에 와있는 것만 같다. 모든 것이 처음 보는 것처럼 낯설고 두렵게만 느껴지는 현실의 불안감에서 달아나고만 싶다. 자신을 잡아주던 탄탄한 뿌리가 뽑힌 채, 현실에서 덩그러니 떨어져 나와 허공에 떠있는 것 같은 황당한 기분이 든다.

세상으로부터 버림받은 듯한 소외감이 느껴질 때, 감당할 수 없다는 이유로 자신에게서조차 외면을 당한다면, 정작 자신은 설자리가 사라지고 만다. 급변하는 현실에 정신없이 쫓기다보니 자신을 돌보지 못하고 방치한 무관심에서 비롯된 현상 중에 하나이다. 바쁘다는 핑계로 따돌림을 받았던 자신의 정서가 메말라 붙어버리고 만 것이다.

사실 이 세상을 살아간다는 것이 그 얼마나 외로운 투쟁이던가. 치열한 경쟁시대에 던져진 냉혹한 생존방식. 어쩌면 그것은 살아간다는 표현보다 살아남기 위한 처절한 몸부림인지도 모른다. 여린 마음을 강한 척 호도하면서 고독한 마음을 삼켜야 한다. 두려운 마음을 이겨내야 하고 서글픈 마음을 참아야 한다. 치미는 감정을 인내하면서 자신의 자존심을 내주어야 한다. 끝없는 삶의 도전으로부터 자신을 지켜내기 위해서는 어쩔 수 없는 선택이었을 것이다. 조금만 기다려달라고 자신을 달래가면서 모진 고난을 견디어 왔던 사실들을 인정해야 한다. 그럼에도 불구하고 과연 자신이 자신에게 해준 것이 그 무엇인가. 지금 자신이 자신에게 그것을 묻고 있는 것이다.

'나' 라는 필연적인 존재 속에 갇혀, 오고 가도 못하는 자신을 너무도 만만하게 대하여 오지는 않았는가. 자신을 믿는다는 이유만으로 자신에게 끊임없이 강요하고 추궁하며, 정작 자신을 무관심 속에 방치하지는 않았는가. 오로지 자신만을 바라보고 의지하고 있는 자신에게, 현실이 여의치 않다는 핑계로, 스스로를 고립된 공간 속에 처박아두고 소외시켜오지는 않았는가. 살아남기 위해 발버둥치는 자신을 이해하지 못하는 것은 아니지만, 기다림에 지친 마음이 외로움에 방황을 한다. 정신적으로 여유가 없는 각박함 속에서 참고 버티어 왔던 마음이 심리적으로 환멸을 느끼고 있다는 증거이다.

자신의 내면에는 또 하나의 내가 존재한다는 의미이다. 우선 그렇게 할 수밖에 없었던 자신을 달래주고 분열된 '나'를 다시금 하나로 모아야 한다. 자신이 자신을 잃어버린다는 것은, 이 세상 모두를 잃어버리는 것과 같다. 이를 방치하면 정신적 자기분열이 일어나 우울증과 같은 정신적 파탄을 불러올 수가 있다.

현재의 모든 개념을 떠나 자신과의 시간을 가져라. 자신만을 위한 고독한 여행을 떠나보는 것이 좋다. 자신을 탐구하고 재발견함으로써 자신의 존재가치를 새롭게 정립할 수 있는 자신만의 분위기를 만들어야 한다는 점이다. 자신과의 만남이라는 끝없는 무언의 대화를 통하여 흐트러진 개념들을 하나하나 정립해 나감으로써, 자신의 새로운 가치관을 재정립해나가는 노력이 필요하다. 자기성찰을 통하여 자신의 잘못된 인식을 바로잡고 상실된 가치관을 긍정적인 사고방식으로 회복시켜야 한다.

자신의 기분전환을 위하여 정서적인 책이나 음악을 듣는 것도 좋으며, 자연으로 나가 살아 숨 쉬는 생명의 활력을 느껴보는 것도 좋다. 어쨌든 인생을 너무 각박하게 살 필요가 없다. 마음에 여유를 갖고 자신을 돌보며 살아야 한다. 돈도, 명예도, 이 세상 그 무엇을 다 준다고 해도, 자신보다 소중한 것은 없다는 것을 언제나 가슴속에 새겨야 한다.

실질적으로 자신을 이끌어 가는 인간의 심리란, 상대적으로 나타나는 감성에 따라 긍정과 부정으로 민감하게 반응한다. 똑같은 조건과 상황에서도 자신의 컨디션이나 불쾌지수에 따라 긍정일수도 부정일수도 있다. 즉, 인간은 자신을 어떻게 관리하느냐에 따라서 자신이 분위기를 주도해 나갈 수 있으며, 슬럼프에 빠질 수도 있다는 뜻이다.

인간이기 때문에 느낄 수밖에 없는 좌절감은 누구에게나 찾아오는 감성 중에 하나이다. 좌절이 있다는 것은 상대적으로 희망이 있다는 것을 의미한다. 좌절을 끝이라고 속단할 것이 아니라, 새로운 희망을 향해 도약하는 디딤돌로 삼을 줄 아는 지혜가 필요하다. 따라서 당신이 겪고 있는 고통스러운 슬럼프란, 성공으로 가기 위해 꼭 치러야만 하는 관문에 불과하다는 것을 명심해야 할 것이다.

승부수를 띄워라

승부수를 띄워라

승부란 자신이 원하는 것을 쟁취하기 위한 쟁탈의 수단으로써, 도전을 통하여 보다 높은 가치를 창출해내고자 하는 결단적인 행위를 말한다. 심신적인 고갈로부터 자신의 욕망을 충족시키기 위해서는, 이를 가로막고 있는 역경과 싸워 승리를 거머쥐어야 한다. 그 방편으로는 자신이 추구하는 목적에 따라 재물이나 권력이 될 수도 있지만, 명예나 이상을 바라는 '뜻' 이 될 수도 있다. 따라서 성공의 가치는 절대적인 것이 아니라 의미적인 것이다.

'이 세상은 약육강식에 의한 냉정한 승부의 세계이다. 승부의 세계에 도전한 생명의 승부사들이여, 성공을 바란다면 싸워서 쟁취하라. 배고프면 구해먹든 잡아먹고, 필요하면 능력을 발휘하여 정복해서 소유하라. 그러지 못한다면, 비참한 신세가 되어 이 세상을 원망하게 되리라.'

이러한 세상의 이치에 따라서, 인간이라는 존재 역시도 타고난 승부의 근성을 발휘해야 한다. 탐욕에 대응하며 대가를 요구하는 삶, 그 자체가 온갖 시련을 몰고 오며 최소한의 생존본능까지도 위협하기 때문이다. 그러나 쉴 새 없는 삶의 핍박으로부터 자신을 끝까지 지켜내기란 결코 쉬운 일이 아니다. 무능함을 몰아내려는 세상의 시련은 가혹할 정도로 끈덕지다. 고비나 넘기고 보자는 식으로 버티다가는 제풀에 지쳐서 쓰러지고 말 것이다. 어떠한 대가를 치르더라도 이 세상이 요구하는 승리를 확보해두어야 한다. 그래야만이 삶의 각박함으로부터 어느 정도 벗어날 수가 있다. 이 세상은 승자만을 우대하며, 승자만이 기쁨을 누릴 수 있는 그 특권이 주어지기 때문이다.

인간의 생존본능 역시도 세상의 그러한 이치에 맞대응하고자 그 무언가를 한없이 쟁취하려들지만, 지나친 욕망은 스스로의 꼬임에 말려들어 유혹의 함정에 빠져들 소지가 다분하다. 승리를 쟁취하기 위한 도전에는 반듯이 반격적인 위험이 도사리고 있기 때문이다. 그만한 대가를 치룰 각오로 상대를 제압하고 완전히 제패하지 못한다면, 보복적 반격을 당해 패배자로 전락하고 마는 것이 승부의 법칙이기도 하다. 어떠한 이유에서라도 패배는 정당화 될 수 없으며 용납 받을 수 없다. 패배란 변명의 여지도 없이 승리를 위해 바쳐지는 희생물에 불과하다. 따라서 '승부란, 먹을 것인가, 먹힐 것인가.' 를 판가름하는 생존경쟁의 일환이다.

세상은 비정할 정도로 냉정하다. 먹는 자가 있으면 반드시 먹히는 자가 있듯이, 먹지 못하면 먹힐 뿐이다. 삶은 살아있는 자에게 배고픈 시련을 주어 먹이를 찾게 하고, 시련과 같은 삶의 핍박 속에서 어떻게 살아남을 것인지를 끊임없이 추궁한다. 삶에 있어서 죽고 사는 문제는 살아있는 자의 몫일뿐, 세상은 텃세를 부리듯 그에 상응하는 대가를 요구하는 것이다.

인간은 야망을 꿈꾸는 심리적 존재이다. 몸은 맛난 음식에 편하고 쾌락적인 현실을 바라지만, 마음은 보다 이상적인 꿈을 동경하며 추상적인 낭만을 추구한다. 따라서 배만 채우면 살 수 있다는 것은 잘못된 생각이다. 실패가 두려워 욕망에 굶주린 마음을 묵살하고, 현실에 안주하며 구차하게 살아간다는 것은, 세상의 위세에 눌려 인간의 본성을 외면한 배부른 돼지의 나태함과도 다를 바가 없다. 배부름에 만족하며 포만감에 늘어진 돼지는, 자신을 괴롭히는 파리를 쫓는 것조차도 귀찮아한다. 배부르고 편하니 겉으로는 아쉬울 것이 없는 것 같지만, 그것은 삶의 풍요로움이 아니라, 안일한 현실의 작은 '우리' 속에 갇혀 죽음만을 기다리는 고깃덩어리에 불과할 따름이다. 목적이 없는 삶은 살아야 할 명분도 없다. 배만 채우고 숨만 쉰다고 살아있다고 볼 수가 없는 것은, 인간의 진정한 삶의 가치가 이상을 추구하는 정신에 깃들어 있기 때문이다.

종속적인 삶의 구차한 핍박에서 벗어나, 보다 자유로운 삶을 영유할 수 있는 유일한 대안은 승리를 향한 도전을 통해서만이 얻을 수 있다. 세상에 굴복 당하지 아니하고 떳떳하게 살아가기 위해서는 자신의 능력을 최대한 발휘하여 자신의 가치를 스스로 입증해내는 수밖에 없다.

인생을 살다보면 위기가 닥치게 미련이다. 현재의 이 상태로는 도저히 안 된다는 삶의 계시이다. 자신의 진로를 앞에 두고 갈등을 느끼지 않는 사람은 없지만, 현재의 상태를 미래가 더 이상 원치를 않으니, 피할 수 없는 선택을 해야만 한다. 그러나 불확실하고도 불안하기만한 미래는 자신을 보장하지 않는다. '아쉬우면 덤벼보라'는 식으로 답답한 심리를 부추길 뿐이다.

승부를 걸어야 하는 수밖에 없다. 필연적인 선택이다. 학교진학에 있어서 최상의 선택을 하고 승부를 걸어야 하듯이, 직장 내에서도 경쟁에 밀려나지 않고 살아남기 위해서는 승부를 걸어야 한다. 또한 언젠가는 그만 두어야 할 직장생활의 불안감을 떨쳐버리고, 보다 안정적인 수입을 꿈꾸는 자기 사업을 구축할 때도 마찬가지이다. 자신의 운명이 갈리는 순간들이다. 운명을 거는 일에 즐거워할 사람은 하나도 없다. 희망보다는 두려움이 앞서 불안감에 휩싸이기 때문이다. 그것이 위기의식이다.

위기란 현재의 상태를 거부하는 미래가 새로운 변화를 요구하는 상황이다. 하지만 사람이 위기를 맞이하여 기피하려는 것은 변화 그 자체를 두려워하기 때문이다. 낯선 곳에서, 낯선 사람들을 만나, 낯선 일을 해야 하는 것처럼, 당황하며 불안해한다. 그러나 현재 역시도 처음에는 그렇게 시작되어 길들여진 상태임을 상기해 볼 필요가 있다.

버티고 버티다가 현실에서 떠밀려 할 수 없이 하는 일은 자신을 비참하게 만든다. 막바지에 몰린 상태에서의 피동적인 선택은, 어쩔 수 없이 끌려가는 체념에 불과하다. 위기는 어느 정도 예상된 것이었으나 변화를 거부하고 버티다 보니, 위기가 돌발 상황으로 뒤바뀐 지경에 이른 것이다. 미래는 분명히 온다. 미래가 몰고 올 위기에 대비하라. 미래는 준비된 자를 무시하지 못하니, 삶의 계획을 단계별로 미리 짜두는 것이 상책이다.

승리를 쟁취해내기 위해서는 우선 목표가 확고해야한다. 목표가 확실해야 만이 신념이 흔들리지 않기 때문이다. 신념이란 어떠한 희생이 뒤따르더라도 자신의 선택을 결코 후회하지 않겠다는 확고한 의지를 뒷받침하기 위함이다. 그래야만이 자신의 열정을 미련 없이 바칠 수 있고, 최선을 다 할 수 있는 토대가 형성된다. 확실한 가치관이 서질 않았거나, 운명에 기대야 하는 일은 시작도 하지 말라. 겉보기가 좋다고 하여 미심쩍은 일에 무작정 덤벼들었다가는 자신이 모르는 함정에 빠질 수도 있다는 점을 알아야 한다. 남의 말에 현혹되어 마음이 흔들려서도 안 되며, 자랑하듯 떠벌리고 다닐 필요도 없다.

목표를 추진하기에 앞서, 일에는 원리와 원칙이 존재한다는 사실을 알라. 욕심만 앞세워 일을 떠벌려놓는다고 좋은 것이 아니다. 오히려 정신만 산만해질 뿐이다. 우선 일에 대한 본질적 특성과 효율성을 간파하고, 차근차근 체계적으로 조리 있게 풀어나가라. 그러한 기초를 근거로 근본적인 문제에 핵심을 찔러나가야 한다. 모든 일은 특유의 고유성을 고수하기 위한 반발성을 가지고 있기 때문이다. 아무렇게나 방치되어 있는 돌도 망치로 무작정 때리면 망치를 튕겨내는 반발력을 발휘하며, 날아드는 파편과 함께 둔탁한 소리로 '왜 치나?' 는 식으로 발악을 한다. 돌을 다루는 일에도 기술이 필요한 이유이다. 이와 같이 일이란 의욕만 앞세워 힘으로만 되는 것이 아니다. 상대를 제압하기 위해서는 상대의 특성과 약점을 알아야 한다.

세상의 이치는 나약한 것일수록 날렵하고 간교하기 때문에, 도망치는 능력이 탁월하여 좀처럼 잡을 수가 없다. 반면에 강한 것은 느리지만 위협적인 힘으로 자신을 지켜나간다. 그렇기 때문에 세상은 공평하다. 하지만 빠른 것은 잔꾀에 약하고, 강한 것은 상대적으로 약한 급소가 있기 마련이다. 자신이 승리를 잡기 위해서는 일에 골자를 알고 핵심을 찔러야 한다는 뜻이다. 상대의 습성이나 급소를 모르면 쫓다가 탈진하고, 때리다가 지치듯이, 일에 대한 핵심을 모르면 헛심만 소진하다가 제풀에 겨워 목적을 달성할 수가 없다.

육중한 황소의 억척스런 힘을 당해낼 사람은 아무도 없다. 그렇지만 힘이 약한 인간은 힘으로 도저히 당해낼 수 없는 그 황소를 지배하며, 충성스런 일꾼으로 활용하고 있다. 황소의 연약한 콧구멍에 코뚜레를 끼워 약점을 매달았기 때문이다. 제 아무리 힘이 센 황소라고 할지라도 고삐만 잡으면, 잡아끌기도 전에 맥을 못 추고 지시를 따르게끔 한 것이다.

일에 있어서 황소의 고삐는 인간의 슬기로운 지혜이며, 힘을 결집시키는 원천인 동시에, 일을 주도해 나갈 수 있는 확신과도 같다. 하지만 확신이 서지 않는 일은 그 추이를 예측할 수 없으며, 의지와 신념만을 빼앗아 갈 뿐이다. 사람이 일을 주도해 나가지 못하고 전전긍긍한다면, 오히려 사람이 일에 노예가 되어 엉뚱하게 파생되는 뒷일을 수습하기에도 급급하다. 그러므로 일단 일을 긍정적인 분위기로 이끌어나가는 치밀함으로 기선을 잡아, 기대감을 증대시켜나가는 것이 그 무엇보다 중요하다. 잘될 것이라는 속단은 금물이나, 안 될 것이라는 비관도 금물이다. 일은 원리에 의한 순리로써 풀어가야 하며, 무슨 일이 있어도 꼭 이루고야 말겠다는 강인한 의지 아래 단계적인 원칙을 지켜나갈 때 비로소 승리를 거머쥘 수가 있다.

인생에 있어서 승부란 자신과의 끈질긴 투쟁이며, 승리란 냉정한 현실 속에 위험을 무릅쓰고 쟁취해내야 하는 의지의 산물이다. 출전을 하기에 앞서 자신을 보다 강하게 재무장하라. 내부의 가장 큰 적은 바로 자신이다. 실패를 우려하는 부정적인 생각이 고개를 들것이다. 부정적인 심리에 말려들면 시작도 하기 전에 모든 것이 끝장이다. 부정적인 생각은 변화를 거부하며 침투성이 강한 독을 내품는다. 그 독은 겁에 질려 아무 짓도 못하게 온몸을 마비시키고 정신을 혼미하게 만든다. 때문에 자신의 나약함을 냉정히 뿌리칠 줄 아는 냉혹함이 필요하다. 관대함을 바라는 자신에게 매서운 채찍을 들지 않는 한, 승리는 장담할 수 없다.

승부를 내기 위한 도전은 절박한 현실을 탈피하기 위한 의지적 행동이다. 목표로 삼고 있는 고지를 점령하지 못하면 자신을 내줄 각오로 임해야 한다. 나약한 가슴을 드러내지 말고 강인한 담력으로 무장하라. 정서의 붓을 내려놓고 냉정하게 내려칠 수 있는 칼을 잡아라. 숙명의 대결에서 물러설 생각은 하지 말라. 선택의 여지는 없다. 오로지 승리만을 생각하라.

승부를 결정짓는 전투에는 전법이 있다. 준비가 되었다고 섣불리 덤벼서는 안 된다. 조급함은 경솔함을 뜻하고 느긋함은 방종을 부른다. 시한이 정해진 일정의 결투가 아니라면, 그 시기를 신중하게 선택하라.

투자를 한다든가, 창업을 할 때에는 더욱더 그러하다.

한창 잘나가는 것에 손을 대지 말라. 너도나도 끼어들어 다들 재미를 보고 있는 것 같아 상대적인 빈곤감이 느껴질 것이다. 자신을 유혹하는 미끼에 불과하다. 군중심리에 편승하여 투자를 하다보면, 어느새 포화 상태가 도래하여 붐은 사라질 것이다. 만발한 꽃은 오래가지 못하고 시들어버리는 이치와도 같다. 자신의 투자액을 단물로 제공하고 나면, 자신에게 남은 것은 내리막이다. 설사 잘됐다고 하더라도, 치고 빠지는 단기적인 노림수는 요행에 불과하므로 오래가지 못하며, 사행심을 조장하여 평생 모은 재물이 어느 한순간에 풍비박산 날 수도 있다.

따라서 자본만을 믿고 '돈 놓고 돈을 먹겠다' 는 발상은 극히 위험하다. 자본이 없이는 할 수 없는 일일지라도 결국 일이란 돈으로 하는 것이 아니라, 자신의 지혜를 모아 확고한 신념으로 그 이익을 창출하는 것이라는 의식이 우선 확립되어야 한다. 경제의 탈을 쓰고 '돈 놓고 돈을 먹겠다' 는 의도는 노림수를 바라는 한탕주의나 노략질의 범주를 벗어나지 못하기 때문에, 한번 맛 들리면 빠져나갈 수가 없어, 언젠가는 그 방식 그대로 모든 것을 잃게 되기 때문이다.

창업을 준비할 때도 마찬가지이다. 잘나가는 터는 권리금도 높을 뿐만 아니라, 부대비용이라든가, 관리비용이 만만치 않다. 겉은 번지르르하지만, 실속이 없는 빛 좋은 개살구처럼 돈 잔치로 끝날 공산이 크다. 따라서 조금 외진 곳이라도 투자비용이 저렴한 곳을 택하고, 참신하고도 특색이 있는 아이디어나 독특한 기술로 승부를 걸겠다는 개념을 갖아야 한다. 고객을 억지로 끌어당기는 것보다, 고객 스스로가 소문을 듣고 찾아오게끔 하는 것이 사업의 기교이다.

창업이란 씨를 뿌리고 밭을 가꾼다는 개념으로 이루어져야 한다. 농사에 비유한다면 겨울철과 같은 비수기에 시작을 하라. 불황의 끝 무렵 경기가 바닥을 쳤을 때 모든 것이 유리하다. 경기가 침체국면에 막 들어가는 시점에 투자를 하면 고통이 따르고, 침체된 경기의 반등을 기다리면 기회는 사라진다. 모든 조건이 덩달아 반등하므로 매물도 사라지고 비용도 상승하기 때문이다. 따라서 경기의 종합적인 상황을 다각도로 분석하고, 최저점에 이르렀을 때 창업을 추진하라. 투자비용을 절감한 만큼 득이 생길 것이다. 경기의 반등이 시작되는 시점까지 마음에 여유를 가지고 다각적인 방법으로 영업을 시도해 보는 것이 좋다. 절감된 투자비용으로 경기의 활성화에 대비하는 방식이다.

부의 상징인 부동산 투자에 있어서는 막대한 투자비용이 소요된다. 크게 걸고 크게 먹는다는 특성도 있지만 그 전망치가 불분명하다. 가격의 변동주기가 길뿐만 아니라, 경기의 상황에 민감하며 주변의 환경적 여건이나 대중들의 선호도에 따라 시세가 형성되기 때문이다. 장기적인 부동산 투자에 있어서는 분명히 알아야 할 점이 있다. 인간이 과거에서 미래로 시간이동을 하듯이, 현재의 공간에서 미래의 공간으로 공간이동을 병행하고 있다는 사실이다. 과거 협소했던 도시의 반경이 다양한 교통의 발달과 함께 팽창하기 시작했다. 보다 넓고 쾌적한 공간을 찾아 수도권 외곽을 선호하자 수도권에 인접한 신도시가 번성을 누린다. 모든 문명은 대다수의 사람들을 따라간다. 교육환경이나 부대시설들도 마찬가지이다. 그러다보니 과거의 유물이 되어버린 도심내의 오피스나 상가들은 혼잡한 교통난이나 주차난을 겪으면서 외면을 당하기 시작하더니 공실이 증가하는 공동화현상이 일어나고 있는 실정이다. 팔려고 내놓아도 사자는 작자가 없으니, 과거의 투자자는 막대한 투자액을 빼도 박도 못하는 난감한 처지가 되어버렸다.

주거를 목적으로 하는 집을 선택할 때도 입지조건이나 주변여건을 고려하여 우선, 보다 잘 팔리고 잘 빠지는 집을 선택해야 한다. 부동산의 가치는 시대의 흐름에 따른 선호도에 달려있다. 오판에 의하여 부동산에 발목을 잡히면 막대한 자산이 애물단지가 될 수도 있다는 것을 알아야 한다.

인간이 재물을 탐하는 것은 생존을 확실하게 보장받으려는 의도와 함께, 보다 많은 풍요로움이 현실적인 안도감과 포만감을 안겨주기 때문이다. 하지만 재물 그 자체가 정신적으로 추구하는 이상적 가치관을 충족시키지는 못 한다. 따라서 진정한 성공의 개념은 자신이 추구하는 가치관에 따라 이상적인 목표에 도달하여 성취감을 만끽할 수 있는 경지를 뜻한다.

물질적인 차원을 초월하여 자신이 꿈꾸는 이상을 구현해내기 위해서는, 자신이 의도하는 뜻에 따라 합리적인 방안을 모색하고 현실적 한계를 타파할 수 있는 의지가 필요하다. 우선 실현가능성을 타진한 후, 뜻에 대한 특성을 파악하고 합당한 전략을 짜라. 차질이 발생하거나 막히는 부분이 있으면, 세상의 이치에서 그 해결책을 찾아라. 보편적인 생각으로 무모하게 덤비지 말고, 냉철한 세상의 이치에 입각하여 지혜의 힘을 발휘해야 한다. 고정개념의 틀에서 벗어나 획기적인 방법을 모색하라. 독창적인 창의력만이 보다 높은 가치를 창출한다.

자신의 의지가 확고하다면 분위기를 파악하고 적기를 노려라. 모든 일에는 시기와 때가 있다. 물고기는 조류를 타고, 새는 기류를 타듯이, 사람은 시기와 때를 노려 상승무드를 탈 줄 알아야 한다. 따라서 외부적 상황이 극도로 좋지 않을 경우에는 무모한 욕심을 자제하고 인내함으로써, 그 시기와 때를 기다려줄 줄도 알아야 한다는 뜻이다. 모두가 승승장구 할 때 싸움을 거는 것처럼 미련한 짓도 없다. 또한, 모두들 잘 나갈 때 똑같이 잘나가봐야 본전에 속한다. 모두가 위기라고 할 때, 그들의 위세는 맥을 못 추고 기세가 그만큼 꺾기여 있을 것이다. 준비된 전략으로 이를 역이용하라. 남과의 차별화를 시도하라. 무엇이 달라도 달라야 튄다. 기존의 방식을 깨고 자신만의 분위기를 조성하여 두각을 나타내야 만이 자신의 가치가 빛을 발한다. '난세에 영웅이 난다' 는 말도, 이를 두고 하는 말이다.

모든 분석을 마치고 승부수를 던질만한 토대가 마련되었다면, 전투는 이제부터이다. 승부에 임할 때는 전사와도 같은 정신으로 자신을 무장해야 한다.

승리만을 먹고사는 용감한 전사는, 승부를 피할 수 없는 자신의 운명으로 받아들인다. 전사는 죽음을 각오하고 끝장을 보려는 근성을 가지고 있기 때문에, 포기라는 단어는 통하질 않는다. 포기란 상대의 기세에 눌려 싸움도 하기 전에 패배를 자인하는 격이다. 허풍만 떨다가 겁에 질려 달아나는 비겁자는 되지 말라. 스스로를 기만하고 배신하는 격이다. 초지일심, 공격의 기세는 승리를 향한 강인한 의지이자, 각오이다. 더 이상 피할 수 없는 싸움이라면 기필코 결판을 내야 한다. '승리가 아니면 죽음을 달라' 는 저돌적인 승부근성만이 전투를 승리로 이끄는 막강한 힘으로 작용한다.

승리는 그 무엇과도 바꿀 수 없는 정신적인 가치이다. 어차피 승부를 건 이상 일단 이기고 봐야 한다. 이기지 못하면 질뿐이다. 패자의 말로는 불을 부듯 뻔하다. 그러므로 전투 중에는 득실을 따지지 말라. 전리품에 불과한 재물에 눈이 어두워 실리를 따지다보면, 승리의 가치에 대하여 의혹을 느낄 수도 있다. 아무리 강한 힘을 지니고 있다고 하더라도 승리의 가치를 의심하면 자멸할 수밖에 없는 것이 승부이다. 번복할 수 없는 승부의 가치는 절대적이다. 승리를 위한 노력에 비해 충분한 대가가 따르지 않는다고 느껴질지라도, 일단 시작된 승부에 있어서는 끝까지 싸워서 이겨야 한다.

전사는 승부욕만큼이나 명예를 생명처럼 지킨다. 차라리 패배를 자인할망정, 야비한 수법으로 승리를 훔치지는 않는다. 떳떳한 승리만이 자신의 명예를 지킬 수 있기 때문이며, 훗날 아름다운 무용담의 전사로 기억되기 위함이다. 따라서 인간의 승부란 실리를 따지기에 앞서, 자신의 명예를 드높이기 위한 수단이기도 하다.

승리의 기쁨은 두말할 나위가 없다. 기필코 '해냈다'는 사실 하나만으로도 그간의 모든 시름이 한순간에 사라지고 하늘을 나는 기분이 든다. 성취감이 주는 짜릿한 희열의 극치를 맛보는 그 순간보다 더 극렬함이 어디에 있을까.

하지만 승리는 삶의 끝이 아니기에, 그 자리에 안주하질 않는다. 승리의 흥분이 가라앉고 나면, 인간의 심리가 평상으로 돌아가기 때문이다. 평상은 밋밋할 뿐이다. 따라서 자신을 진일보시킨 승리를 통하여 새로운 차원의 야망을 꿈꾼다. 그처럼 끝없는 도전을 통하여 삶은 그렇게 진보해나가는 것이다.

하지만 그 누구에게도 승리는 보장되지 않는다. 거듭되는 승부의 세계에서 영원한 승자가 없다는 것은, 영원한 패자도 없다는 것을 의미한다. 때로는 실패가 찾아올 것이다. 좌절감에서 오는 충격이 클 것이나 경솔함을 꾸짖는 충고일 따름이다. 실패를 부정하려들지 말고 겸허히 받아들이되, 절망에 사로잡혀 모든 걸 포기하듯 희망을 버리지는 말라. 희망이 있어야 절망도 이겨낼 수 있다. 혹독한 겨울을 이겨낸 자만이 꽃피는 봄날을 맞이하듯이, 승부의 근성을 끝까지 포기하지 않는 한, 시련을 극복한 패자에게도 재기할 수 있는 새로운 기회가 다시금 주어질 거라는 뜻이다.

패배를 만회할 수 있는 설욕전에서는 더 이상 물러설 여유가 없을 것이다. 남다른 각오로 맞이하라. 호시탐탐 노려왔던 절호의 찬스를 절대 놓쳐서는 안 된다. 좌절을 딛고 일어났다면, 뼈저린 패배를 교훈 삼아 막강한 울분을 토해내라. 마지막 기회일 수도 있으니, 가슴에 맺힌 한을 뿜어내듯, 초혼을 불사르는 절규의 폭발력을 발휘하라.

인생의 코스는 언제나 오르막이다. 삶이 지향하는 이상과 야망이 높은 곳을 향하고 있기 때문이다. 따라서 자신의 목표가 높을수록 오르는 길은 가파르고 험난하기 마련이다. 많은 위험들이 도처에 깔려있고 모든 것이 베일에 싸여있다. 모험을 즐기듯이 위험을 무릅쓰고 올라야 한다. 오르다가 실패의 나락으로 떨어질망정, 삶이 동경하고 있는 희망을 접어서는 안 된다. 그 무엇인가에 승부를 걸지 않는다면, 삶은 그 가치를 상실하고 무의미해지기 때문이다.

그렇듯 삶이란 생명이 다하는 그 날까지 자신이 이 세상에 존재하는 높은 가치를 구하고자 애타게 갈구한다. 자신이 추구하는 것을 통하여 살아있음의 가치를 실감하고 자신이 존재하는 참된 의미를 발견했을 때, 삶은 생동감을 느끼며 희망을 찬미한다. 어렵게 얻어낸 승리는 또 다른 세계로의 비상을 꿈꾸는 새로운 날개가 되어 정체를 용납하지 않는 삶을 보다 자유롭게 한다. 현재에 안주하지 말고, 미래로 날아갈 생각을 하라. 언제나 흐르고 있는 현재는 미래로 가기 위한 방편에 속하기 때문이다. 따라서 현재의 가치가 아무리 만족스럽다고 할지라도, 현재는 미래를 추궁할 뿐, 닥쳐올 미래를 충족시켜주지는 못한다는 뜻이다.

인생에 있어서 생존의 게임과도 같은 승부란 결코 피할 수가 없다.

약육강식에 의한 삶에 구조가 서로 양보할 수 없는 생존의 조건부를 형성하고 있기 때문이다. 따라서 자신이 세상을 극복해내지 못하면 세상으로부터 굴복 당할 수밖에 없는 것을 의미한다. 지혜와 힘의 논리가 작용하는 대결을 통하여 쟁취하지 못하면 탈취 당할 뿐인 상대적인 승부란 원색적일 만큼 냉정하면서도 절박하다. 이는 욕망이 불러일으키는 본능적 대결에 의하여 다른 것의 소중함을 시기하고 탐하며 쟁취하려는 만큼, 자신의 소중함도 과욕에 의하여 소실당할 수 있다는 세상의 공정한 이치를 반증하고 있다.

인간이란 자연의 피조물에 불과함으로 자연의 섭리와 이치를 따르지 않는 한, 그 생존권을 보장받을 수가 없는 존재이다. 따라서 형평성에 어긋난 삶에 대한 지나친 욕망과 아집을 냉정히 거부하고 있는 세상을 야박스럽다고만 속단해서는 안 된다. 세상은 삶에 필요한 모든 조건을 제공할 뿐 편견이 없으며, 공정한 자연의 법칙만을 적용한다. 그 범주를 벗어나려고 하지 말라. 세상이 베푸는 자유로운 공간 속에서 그 무엇인가를 추구할 수 있는 소중한 시간과 함께 하고 있음의 가치를 스스로 찾아내야만 한다. 당신은 그 공간에 무엇을 꿈꾸며 주어진 시간을 어떻게 활용할 것인가. 그것이 도전을 통하여 당신이 풀어내야 할 삶에 대한 막중한 과제인 것이다.

오늘이 당신의 생애에 있어서, 최후의 날이라면 어떠한 생각이 들겠는가. 만감이 교차되면서 무의미하게 보낸 지난날들을 통탄하게 되리라. 아무리 발악을 해봐도 소용이 없다. 시간은 다시 돌아오지 않는다. 허송세월을 보내지 말라. 허송세월은 살아있는 죽음이다. 수명이란 자신이 쓸 만큼의 시간만을 제공한다. 몸을 사린다고 해서 삶이 유보되거나 연장되는 것도 아니다. 그저 막연한 삶 속에서 소중한 기회만을 박탈당할 뿐이다. 몸을 사리는 것은 본능에 속하지만, 죽어지면 썩어질 몸은 삶에 있어서 소모품에 불과하다. 어차피 써버려야 할 몸이라면 최대한 활용하라. 자신을 제대로 쓰지도 못한 상태에서 어이없는 죽음을 맞이한다면, 그 보다 원통하고 허무한 삶은 없을 것이다.

몸을 나태하게 만드는 것이 마음이라면, 마음을 느슨하게 하는 것은 정신적 개념이다. 마음을 방목하지 말라. 긴장을 풀어 마음을 방치하면, 마음은 몸을 떠나 세상을 배회하는 바람이 된다. 바람난 강아지가 집을 지키지 아니하고 밖으로 나돌듯이, 바람난 마음이 자신을 등한시하게 되는 것이다. 따분함을 참지 못하고 시공간을 초월하여 떠돌아다니는 마음은 자유분방하다. 유혹을 참지 못하며 분위기에 약하다. 쉽게 흥분하고, 쉽게 가라앉으며, 쉽게 변절한다. 질투와 오기를 부리며 감정에 약하나, 고집이 쌔다. 상상력이 풍부하여 가상의 세계에서 현실을 도외시한다. 작은 일에도 갈등이 많아 미루기를 좋아하며, 내키지 않으면 변명을 둘러댄다. 꾀를 부리며 요령을 피우려는 수작이다. 그런 마음에 질질 끌려 다니지 말라. 강인한 신념으로 마음을 다스리지 못하면 몸과 마음이 따로 놀 뿐이다.

충동감에 약한 몸과 마음은 제각기 요구하는 것도 많다. 이에 역성을 들어주며 끌려 다니다보면 한도 끝도 없다. 심리를 자극하여 의지를 무너트리기 위해 집요하게 생떼를 쓰다가, 그래도 안 될 때는 자신을 원망하며 토라져버린다. 스스로를 달래고 이해시키려는 노력은 필요하겠지만, 정도를 벗어나려고 할 때에는 투정만 부리려는 스스로에게 냉정한 채찍을 들어야 한다.

지배하지 못하면 지배를 당하는 것이 이 세상의 이치이다. 삶의 핍박에서 벗어나고 싶다면, 강인한 정신으로 몸과 마음을 확실하게 장악하고, 강하게 다스려라. 마음을 다스리기에 따라서 이 세상은 희망이 깃든 기회의 땅이 될 수도 있고, 절망의 땅이 될 수도 있다.

인간이 승부를 두려워하는 것은 이길 수 있다는 생각보다, 질 수도 있다는 생각을 더 많이 하기 때문이다. 하지만 실패의 위험이 따르지 않는 것은 도전이라고 할 수도 없다. 죽음이 두려워 삶을 포기할 수가 없듯이, 어차피 감수해야할 부담감이라면 위험을 스릴로 즐길 줄 아는 지혜를 발휘해야 한다. 제 아무리 완강한 세상라고 할지라도, 도전을 즐기며 한없이 달려드는 열정에는 당해낼 재간이 없을 것이다. 그렇듯이 이룸이란 희망이 담고 있는 열의에 찬 집념과 의지로서, 시련과 맞서며 이겨내는 역경의 반전 드라마와도 같다.

자신을 믿지 못하면 아무것도 추구할 수가 없다. 그렇다고 갈등감이 주는 망설임 속에서 삶을 관망만 하고 있다는 그 자체는 자신을 방치하는 무책임에 속한다. 스스로를 책임지지 않는 삶의 대가는 실패보다도 가혹하다. 자신의 존재가 철저히 묵살당한 채, 세상의 무덤과도 같은 막연함 속에 갇혀 지루하고도 답답한 시간만을 보내야 한다. 세상으로부터 삶을 포기당한 사람처럼 고립을 자초하고, 시간으로부터도 소외된 듯 무료한 고문을 당하며, 죽은 듯이 사는 것은 사는 것이 아니다. 자신을 망치려는 자신은 없다. 일단 자신을 믿어라. 최선을 다하고 결과에 승복하겠다는 각오로 도전하라. 이는 인생의 참된 가치가 생존 그 자체에 있는 것이 아니라, 그 무엇인가를 끊임없이 추구하는 도전 그 자체에 의미를 두고 있다는 것을 알아야 한다.

세상의 가치관은 반증법이다. 어둠이 짙을수록 빛은 강렬하듯이, 삶이 소중한 것도 죽음을 전제로 하고 있기 때문이다. 삶에 있어서 이미 예고된 죽음보다도 극함이 그 어디에 있겠는가. 그 절박한 삶을 위해서라면, 어떠한 희생이 따르더라도 그토록 희구하는 소망을 묵살해서는 안 된다. 자신이 소망을 포기하는 순간, 삶의 의미가 사라지기 때문이다. 스쳐가는 시간은 모든 것을 가차 없이 쓸어갈 뿐, 그 누구도 기다려주는 법이 없다. 망설이며, 현재에 얽매여있다가는 저돌적으로 밀려오는 미래의 시간에 의하여 처참하게 짓밟히고 말 것이다.

현재란 어차피 쓰고 버려야 할 기회의 시간에 불과하다. 미래에 떠밀려 현재의 기회가 맥없이 쓸려가기 전에 승부를 걸고 성공을 쟁취하라. 진정한 삶의 의미를 구현하기 위하여 불굴의 투지로, 기필코 해내고야 말겠다는 강인한 승부근성만이 불확실한 현재에 희망을 주고 절망을 딛게 한다. 삶이 위대하다는 것은 어떠한 고난 속에서도 꿈을 포기하질 않고 이상적인 미래로 비상을 꿈꾸기 때문이다.

'할 수 있다' 는 신념을 가지고 의지의 날개를 펴라. 날기 위해서는 두려움을 떨쳐버리고, 허공에 자신을 던질 줄 아는 용기와 패기를 지녀야만이 이상을 향해 비상할 수가 있다. 살아있음을 증명하려면 뜻을 굽히지 말고 목표를 향해 힘차게 날아올라라. 삶의 목적을 완수하기 위해서라면 자신의 모든 것을 바쳐서라도 이상에 도달해야 한다. 그것이 희망이라는 명분에 의하여 힘겨운 삶을 살아가는 이유이자, 자신의 존재가 담고 있는 참된 가치와 의미를 구하려는 삶의 구도임을 알아야 한다.